ESSAI

D'INSTRUCTION

MUSICALE

A paraître prochainement

———

Pour servir de complément

A L'ESSAI D'INSTRUCTION MUSICALE

SOLFÉGE SIMPLIFIÉ. . . . . . 1 vol.

ESSAI SUR L'HARMONIE. . . . 1 vol.

PARIS. IMPRIMERIE J. CLAYE, RUE SAINT-BENOIT, 7

ESSAI
D'INSTRUCTION
MUSICALE

A L'AIDE D'UN JEU DES GAMMES

PAR

P. L. MERCADIER

CHEVALIER DE LA LÉGION D'HONNEUR, PROFESSEUR D'HARMONIE

TROISIÈME ÉDITION

OUVRAGE

Adopté par lé Conservatoire Impérial
Adopté par la Maison Impériale de Saint-Denis
Récompensé à l'Exposition universelle

PARIS

PERROTIN, ÉDITEUR DE L'ORPHÉON

41, RUE FONTAINE-MOLIÈRE

1860

l
Mu
l'a
d'a
de
de
n
e

til
les
cha
n'e
lui
not
ga
de
pa
de
pre

CONSERVATOIRE IMPÉRIAL DE MUSIQUE

COMITÉ DES ÉTUDES

Séance du 12 mars 1856

Le Comité des Études musicales du Conservatoire Impérial de Musique, après avoir examiné l'*Essai d'Instruction musicale à l'aide d'un jeu d'enfant*, que lui a soumis M. P. L. MERCADIER, est d'avis que cet ouvrage se distingue essentiellement de la multitude des publications de ce genre, et qu'en profitant des travaux de ses devanciers, l'auteur a su réunir le plus grand nombre possible de notions élémentaires sous une forme tout à la fois claire, logique et ingénieuse.

Ce n'est pas seulement *à l'aide d'un jeu d'enfant*, comme le titre de son livre pourrait le faire croire, que M. MERCADIER enseigne les principes fondamentaux; il les expose dans une suite de chapitres rédigés avec une lucidité parfaite, et dans lesquels il n'est pas rare de rencontrer des observations ou des procédés qui lui appartiennent en propre. A cè point de vue, on remarque notamment les chapitres qu'il a consacrés à l'explication *de la gamme modèle, de la formation des gammes, du renversement des intervalles* et *de l'origine des clés*. Le Comité n'hésite donc pas à déclarer qu'il considère l'ouvrage de M. MERCADIER comme devant servir au progrès de l'enseignement musical, et il en propose l'adoption pour les classes du Conservatoire.

SIGNÉ : AUBER, Directeur-Président;

AMBROISE THOMAS,
Inspecteur ;
F. HALÉVY;
CARAFA;
A. LEBORNE;
L. MASSART;
PRUMIER;

GALLAY;
D. ALARD;
G. VOGT;
ÉDOUARD MONNAIS,
Commissaire impérial;
A. DE BEAUCHESNE,
Secrétaire.

p
d
t
le
m
loi
co
bu
n

q
ce
gr
pa
n
e

ig
fa

AVANT-PROPOS

DE LA PREMIÈRE ÉDITION

Personne n'ignore aujourd'hui combien l'étude de la musique présente de difficultés; ardues et multiples, ces difficultés font le désespoir des enseignants et des enseignés; aussi que de tentatives ont été faites, que de méthodes ont été imaginées pour les résoudre ! Loin de nous la pensée de déprécier aucune de ces méthodes; si toutes n'ont pas atteint au même degré de valeur, toutes ont le mérite d'avoir été utiles, et quelques-unes ont à coup sûr rendu de grands services; aussi notre espoir, notre désir, bien plus que notre prétention, est de venir en aide aux efforts de nos devanciers.

En apportant humblement notre pierre à l'édifice, nous dirons que notre préoccupation dominante a été de combattre la *routine*, cette ennemie redoutable de l'étude, de l'enseignement et du progrès, cette marâtre de l'intelligence, qui s'empare de l'enfant à ses premiers pas, pour ne plus l'abandonner, et qui perpétue le déplorable système d'invoquer *l'usage*, au lieu d'expliquer la *raison des choses*.

Mais l'usage lui-même n'a-t-il pas sa raison d'être, et si l'on ignore cette raison, dans quel embarras ne se trouve-t-on pas en face d'un élève intelligent qui demande à s'éclairer ?

Plus d'une question, il est vrai, appartient au domaine de la science proprement dite, et c'est à la physique et aux mathématiques qu'il faut demander la solution de certains problèmes; mais comme il serait ridicule et impossible d'initier un enfant à des connaissances aussi abstraites, on en est réduit à lui faire apprendre par cœur les principes si compliqués sur lesquels reposent les quinze gammes majeures et les quinze gammes mineures de notre musique.

La conséquence de cette manière de procéder, c'est qu'un grand nombre de personnes, après avoir consacré beaucoup de temps à l'étude de la musique, prises de découragement et de dégoût, abandonnent cette source inépuisable de douces jouissances, et oublient avec une promptitude qui tient du prodige des notions qui ne reposent sur aucune base certaine.

C'est la logique des faits, c'est la raison d'être des choses, que nous avons cherchées avec persévérance; et aujourd'hui, sans présomption, sans vanité, nous offrons le résultat de nos efforts aux élèves et aux professeurs.

Dans cet *Essai*, nous avons tenté de marcher du connu à l'inconnu. Après avoir expliqué comment le *son* devient *ton*, après avoir donné quelques notions générales d'*écriture musicale*, nous nous sommes appliqué à démontrer, en nous abstenant de toute exagération systématique, l'origine de la mesure, le caractère qui lui est propre, la classification à laquelle elle est soumise. Nous continuons ensuite par la description et l'explication des signes *constitutifs* ou *accidentels* qui complètent la notation de la musique. Historiquement et physiquement, nous avons construit la *gamme modèle*, cette gamme léguée par la tradition et sanctionnée par l'expérience. De cette gamme, nous passons à la *formation* de toutes les autres; et nous croyons avoir éclairé d'un jour nouveau cette importante partie de l'art. L'*origine des clés*, les *modes*, le *renversement des intervalles*, présentés avec une déduction logique et naturelle, nous ont conduit à la *transposition*, pour laquelle nous déterminons quelques moyens pratiques dont nous avons éprouvé les avantages. Enfin les derniers chapitres laissent pressentir la magnificence du rôle que joue la nature au moment où l'étude devient secondaire.

Cette méthode se complète par un exercice que nous appellerons *Jeu des Gammes*; ce jeu, dont l'expérience nous permet de garantir les heureux résultats, simplifie d'une manière notable l'étude de la musique; il aide merveilleusement à la démonstration et à la formation des gammes; il dispense d'apprendre par cœur les tonalités; il prépare à recevoir les principes de l'harmonie; enfin, autant il épargne de peine au professeur pour l'enseignement, autant il abrége le travail de l'élève. Basé sur les principes admis en musique, le *Jeu des Gammes* peut être appliqué à toutes les méthodes en usage; les parents pourront s'y exercer eux-mêmes, et aider le professeur dans sa tâche difficile, en se faisant les répétiteurs de leurs enfants, lors même que ces parents ne seraient pas musiciens, car il ne s'agit que d'une démonstration mathématique aussi élémentaire que $2 + 2 = 4$.

Mais ce jeu, si simple en réalité, a par-dessus tout une utilité dont on pourra mesurer l'importance, quand nous aurons dit, affirmé même, qu'avec ce concours, un jeune enfant, au début des études, se familiarisera insensiblement avec la *transposition musicale*; de telle sorte qu'en peu de temps, naturellement, sans effort d'aucun genre, et surtout sans avoir recours à l'étude longue et pénible de toutes les clés [1], il arrivera à vaincre la difficulté qui est regardée comme la plus grande; car on sait que la transposi-

1. Une des particularités de notre mode d'enseignement, c'est que l'élève parvient à connaître les clés sans qu'il soit nécessaire pour lui d'en faire une étude spéciale.

tion n'est abordée que par un très-petit nombre de personnes, et qu'elle n'est enseignée qu'à la fin des études, dont elle est considérée comme le couronnement.

En résumé, notre méthode conduit à des résultats inappréciables : elle enlève à l'étude son aridité, et par là aide encore à développer le goût de la musique ; elle renferme la démonstration de certains principes dont l'absence déconcertait les élèves ; elle donne à tous une connaissance qui était le privilége de quelques-uns, et forme littéralement des musiciens.

Cependant, qu'on ne se méprenne pas sur l'intention et la portée de notre *Essai* ; quelles que soient les facilités d'étude ou d'enseignement que nous venons offrir aujourd'hui, on se tromperait étrangement si l'on supposait que l'élève puisse se dispenser d'un travail consciencieux, et surtout des soins éclairés d'un professeur.

Si ce travail présente des avantages certains aux personnes qui commenceront l'étude de la musique par notre mode d'enseignement, il permet aussi à celles qui l'ont apprise par un moyen différent, de redresser ou d'achever leur éducation ; car, ainsi que nous l'avons dit, notre système ne combat aucun système, il ajoute à chacun d'eux et cherche à les compléter tous. Aussi avons-nous l'espoir que nous aurons aidé à la vulgarisation de la musique, par la publication d'une méthode qui peut être mise en pratique aussi aisément pour l'*enseignement public* que pour l'*enseignement privé*.

ESSAI

D'INSTRUCTION

MUSICALE

CHAPITRE PREMIER

NOTIONS PRÉLIMINAIRES

La musique est l'art d'impressionner, d'émouvoir par la combinaison des sons.

Elle est considérée comme une langue universelle, parce que partout elle est comprise, et que presque partout aussi elle s'écrit avec les mêmes signes.

Cette langue mystérieuse s'adresse et répond à toutes les émotions de l'âme, depuis les plus naïves ou les plus passionnées, les plus tendres ou les plus énergiques, jusqu'aux plus sublimes.

Elle s'interprète, se traduit, de deux manières : par la voix humaine, c'est-à-dire. par le chant ; ou à l'aide d'un instrument quel qu'il soit.

La première s'appelle *musique vocale ;* la seconde, *musique instrumentale.*

Toutes deux sont régies par les mêmes lois théoriques : ce sont ces lois seules qui vont nous occuper.

La musique se divise en deux grandes parties : la *mélodie* et l'*harmonie.*

Il y a mélodie, quand les sons se produisent un à un et successivement, soit qu'ils viennent de la voix humaine, soit qu'ils naissent d'un instrument quelconque.

La mélodie vocale prend le nom de *chant ;* on donne aussi cette dénomination à la mélodie instrumentale.

Si l'on fait entendre à la fois un certain choix de sons, cette réunion prend le nom d'*accord.*

La disposition et la succession des accords est ce qui constitue l'*harmonie.*

On entend également par harmonie l'ensemble des lois qui régissent ces accords entre eux.

Le mot harmonie s'emploie aussi pour signifier l'effet des accords. Ainsi l'on dit d'un morceau de musique qu'il est très-harmonieux, plein d'harmonie, quand la réunion des sons produits simultanément forme un ensemble qui charme l'oreille.

La mélodie est l'œuvre de l'imagination, tandis que l'harmonie est une science qui procède suivant certaines lois déterminées. La connaissance des lois de l'harmonie peut être considérée comme le complément de la composition.

L'*exécution,* comme nous le verrons plus loin, est l'art d'exprimer, au moyen de la voix humaine ou avec le secours d'un ou de plusieurs instruments, les inspirations, les idées du compositeur.

La mélodie peut se passer du secours de l'harmonie, parce qu'une voix ou un instrument qui fait entendre un chant, peut suffire à nous procurer des sensations agréables.

L'harmonie, au contraire, marche rarement seule; son rôle est d'être l'auxiliaire et la compagne de la mélodie; elle lui prête un nouveau charme, et aide à en faire ressortir encore les beautés.

L'harmonie et la mélodie ont néanmoins une origine commune, car la seconde dérive de la première, ainsi que nous le démontrerons.

CHAPITRE II

DU SON

Le *son* est l'effet produit par la vibration des corps élastiques mis en mouvement. Tous les corps élastiques que l'on percute ou que l'on met en vibration, de quelque manière que ce soit, impriment à l'air un mouvement ondulatoire qui se communique de couche en couche, et arrive successivement jusqu'à l'organe de l'ouïe, où il détermine une sensation qui est la perception du *son;* c'est pourquoi l'on dit en physique que l'air est le véhicule du son.

L'élasticité de l'air est la cause occasionnelle de tous les sons, depuis le bruit d'une explosion jusqu'à ces nuances délicates qu'une oreille exercée peut seule saisir. En examinant les divers cas de production des sons, on reconnaît qu'ils résultent tous de mouvements communiqués par l'instrument sonore à l'air environnant. Parmi les objets qui produisent des vibrations, on peut citer tous les instruments à cordes, les timbres, les cloches, les tiges vibrantes, les membranes tendues, en un mot, tous les corps qui enfantent des résonnances. La harpe éolienne est un exemple de ce phénomène naturel.

Quand un son se fait entendre isolément, l'oreille la moins exercée peut distinguer si ce son est long ou court, s'il est fort ou faible, s'il a des qualités agréables ou non, s'il reçoit à sa naissance une accentuation particulière. Le son a donc quatre caractères *absolus* : la durée, l'intensité, le timbre, et l'accentuation.

La *durée* du son est égale à la durée totale des vibrations du corps sonore.

L'*intensité* dépend de l'amplitude, de l'étendue de ces mêmes vibrations, sans parler de l'influence de certaines causes secondaires, comme la distance, la température, etc.

Le *timbre* est la qualité donnée au son par la nature ou la forme du corps sonore, et aussi par des circonstances extérieures.

L'*accentuation* est la qualité imprimée au son dès l'instant de son émission.

Si, après un premier son, un second se fait entendre immédiatement, l'oreille, affectée de deux sensations, les compare ; elle trouve que le deuxième son est ou plus élevé ou plus bas que le premier, et que la voix, en les répétant successivement, fait un effort dans un sens ou dans un autre. De cette observation physique naissent les caractères *relatifs* du son.

Nous ne nous occuperons ici que du degré d'élévation que peut avoir un son par rapport à un autre.

On divise donc les sons en deux catégories : les sons *graves* et les sons *aigus*.

Le son bas s'appelle *grave ;* le son élevé s'appelle *aigu*.

Le son grave naît de vibrations peu nombreuses ; le son aigu, de vibrations multipliées.

La *gravité* dépend aussi le plus souvent du volume étendu du corps qui produit le son, tandis que l'*acuité*[1] depend de la petitesse de ce corps. Dans des circonstances identiques, une corde d'une certaine étendue donne un son plus grave que le tiers ou la moitié de cette corde ; une petite cloche donne un son plus aigu qu'une grosse.

Sur le piano, les sons produits par les touches de gauche du clavier sont plus graves que ceux produits par les touches de droite, parce que les cordes de gauche sont plus d'étendue et qu'elles sont plus fortes.

Ainsi, monter du grave à l'aigu signifie faire entendre une suite de sons dont le premier est le plus bas , c'est-à-dire le plus grave de tous. Descendre de l'aigu au grave signifie le contraire.

Quoique le son augmente ou diminue selon le volume du corps qui l'enfante, il ne s'ensuit pas que l'échelle musicale soit sans bornes, au grave ou à l'aigu. Au contraire, l'étendue des sons musicaux est limitée par l'oreille, qui ne peut les percevoir que dans un certain espace. Les sons, ou plus graves ou plus aigus, qui dépassent cette limite, sortent alors du domaine de la musique, et ne forment plus qu'un assemblage confus qui constitue le bruit.

---

1. Le substantif *acuité* est employé ici pour exprimer les sons aigus ; acuité est l'opposé de gravité.

CHAPITRE III

DU DEMI-TON ET DU TON

Si, comme nous venons de le dire, après un premier son, un deuxième se fait entendre, on sera amené naturellement à classer ce dernier, soit au-dessus, soit au-dessous du premier, suivant son degré de gravité ou d'acuité.

La distance qui sépare ces sons s'appelle *intervalle*.

On conçoit alors qu'il existe des *intervalles* plus ou moins grands : leur étendue est déterminée par la distance plus ou moins grande qui sépare les sons entre eux.

Si l'on entend de nouveaux sons, et qu'on les classe suivant leur caractère de gravité ou d'acuité, on forme, avec les premiers, une échelle de sons dont les intervalles diminuent d'étendue en proportion de leur nombre.

Lorsque ces intervalles deviennent assez petits pour que l'oreille n'y supporte plus, sans être blessée, l'introduction d'un nouveau son, l'intervalle compris entre ces deux sons constitue ce qu'on appelle le *demi-ton ;* cet intervalle est déterminé par un rapport, non absolu, mais uniquement musical.

Deux demi-tons successifs forment un ton.

Le mot *ton* a reçu plusieurs acceptions dont nous parlerons en temps utile.

CHAPITRE IV

DE L'ÉCRITURE MUSICALE, DES NOTES, ET DE LA DURÉE DES SONS

Les cinq lignes tirées parallèlement et à égale distance, que nous figurons ci-dessous, s'appellent *portée*.

C'est sur ces cinq lignes, et sur les interlignes ou espaces compris entre elles, que s'écrit la musique [1].

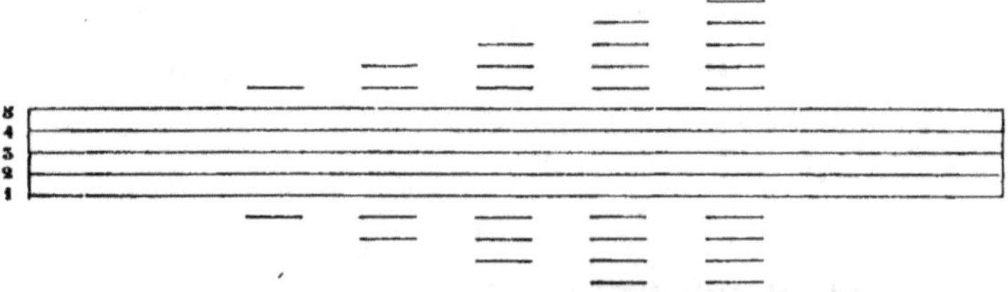

Ces lignes et espaces forment les degrés de l'échelle musicale, et se comptent à partir d'en bas.

En dehors de la portée, soit au-dessus, soit au-dessous, on figure souvent des fractions de ligne qui augmentent l'étendue de cette échelle ; ces lignes s'appellent *lignes supplémentaires*. Exemple :

[1]. Cependant nous verrons plus tard, à propos du demi-ton, ou *seconde mineure*, que ces degrés, par rapport aux intonations, ne représentent pas toujours des distances égales.

A l'extrémité gauche de la portée se placent des signes qu'on appelle *clés ;* ces signes servent à indiquer la région plus ou moins élevée à laquelle le chant emprunte ses sons.

Il y a trois espèces de clés, dont voici le nom et la figure :

Plus tard, quand nous nous occuperons de ces trois clés, nous en ferons connaître l'origine ; nous verrons que la portée se composait jadis d'un plus grand nombre de lignes, parce qu'alors on n'avait pas imaginé d'utiliser les interlignes ou espaces ; nous expliquerons pourquoi le nombre de onze lignes, qui a subi des réductions successives, a été longtemps en usage ; et enfin nous dirons comment, après des réductions nouvelles, on est arrivé à la simplification actuelle.

Sur les lignes et entre ces lignes, on place de petites figures appelées *notes,* lesquelles indiquent le degré de gravité ou d'acuité des sons, suivant qu'elles sont placées en haut ou en bas de l'échelle.

La position des notes sur la portée rend donc sensible, même aux yeux, les divers degrés d'élévation du son.

Ces notes ont reçu chacune un nom, comme nous le verrons plus loin, quand il s'agira de la formation de l'échelle des sons.

Nous allons faire connaître la série de toutes ces notes, leur valeur et leur figure, en commençant par celle qui offre la plus longue durée; de telle sorte que nous verrons décroître successivement la valeur respective de chacune d'elles.

La note qui exprime la plus longue durée de son a reçu la forme d'un *O*, et c'est à cette circonstance qu'elle doit le nom de *ronde*[1]. Voici sa figure :

La ronde n'a plus que la moitié de sa valeur quand on ajoute à cette figure un trait léger ou espèce de queue, soit par en haut, soit par en bas, selon la place qu'elle occupe sur la portée. Alors elle change de nom et s'appelle *blanche;* voici cette transformation :

Cette note perd également la moitié de sa valeur par une légère modification, c'est-à-dire quand elle est

1. Dans la musique ancienne on rencontre des notes de forme carrée □ □ dont la durée était plus grande que celle de la *ronde* de la musique moderne.

représentée, comme ici, par un large point noir. Exemple :

Figurée ainsi, elle s'appelle *noire*, et ne vaut plus que la moitié de la blanche, soit le quart de la ronde.

Avec la noire se forme la *croche*, par l'addition d'un crochet à la queue. Exemple :

Cette croche n'a plus que la moitié de la valeur de la noire, le quart de la blanche, et conséquemment le huitième de la ronde.

Après la croche arrive la *seconde-croche* [1], qui ne diffère

1. L'écriture de la musique a donné naissance à une anomalie assez étrange qui s'est propagée jusqu'à nous ; la note qui représente la moitié de la valeur de la croche a été nommée *double-croche*. Cette dénomination de *double-croche*, exacte si l'on ne considère que la forme de la note, est donc tout à fait impropre, inexacte quant au fond, et l'on prendrait une très-fausse idée si l'on supposait qu'elle signifie une valeur double de celle de la croche, puisque la double-croche, au contraire, n'a que la moitié de la valeur de la croche ; aussi, à l'exemple des Allemands et des Anglais, serait-il plus rationnel de l'appeler *demi-croche*.

En ajoutant un second crochet à la note déjà crochetée, on a nommé *double*, par rapport à ce crochet, la croche dont précisément on diminuait de moitié la valeur ; en conséquence on a nommé *triple* la croche que l'on réduisait au quart de sa valeur, et il en a été de même pour les notes suivantes. Il semble qu'après avoir parlé aux yeux, on ait regardé comme superflu de s'adresser à l'esprit, et c'est là ce qui a engendré ce vice de langage que l'usage a consacré, mais que la raison réprouve. Il est à remarde la précédente que par l'addition d'un second crochet à la queue. Exemple :

Cette figure ne possède que la moitié de la valeur de la croche.

La *tierce-croche*, qui ne représente que la moitié de la

quer que pareille faute n'a pas été commise à l'égard du soupir et de ses diminutifs.

Il serait donc sage d'imiter les Allemands sur ce point; mais malheureusement la langue française a ses difficultés : en se servant des dénominations *demi-croche*, *quart de croche*, *huitième de croche*, on rencontrerait une impossibilité lorsqu'on voudrait parler de plusieurs de ces notes. Ainsi, par exemple, on se fera très-bien comprendre en disant *trois demi-croches*, mais il n'en sera plus de même quand on dira *trois quarts de croche*, ou *trois huitièmes de croche*, pour exprimer trois fois un quart de croche, ou trois fois un huitième de croche; l'amphybologie qui se produit ne permet donc pas d'admettre cette dénomination, qui, si elle était possible, serait cependant la plus logique.

En conséquence, nous abandonnons les expressions : *double-croche*, *triple-croche*, *quadruple-croche*, *quintuple-croche*, etc., comme étant tout à fait en contradiction avec l'idée que chacune entraîne avec elle, pour adopter les dénominations *seconde-croche*, *tierce-croche*, *quarte-croche*, *quinte-croche*, etc.

Si cette appellation nouvelle n'est pas elle-même complétement satisfaisante, elle présente au moins plusieurs avantages : celui d'abréger et d'adoucir le langage musical, très-rude sur ce point; celui d'employer des termes avec lesquels on est déjà familiarisé; et enfin celui de rallier, au moins grammaticalement, les divisions du temps musical à d'autres divisions scientifiques : les degrés de longitude et de latitude, les heures, etc., se subdivisent en secondes, tierces, quartes, quintes, etc.

valeur de la seconde-croche, est affectée d'un troisième crochet à la queue. Exemple :

De même, un quatrième crochet nous donne la *quarte-croche*, qui ne vaut que la moitié de la tierce-croche. Exemple :

La *quinte-croche* et la *sixte-croche* s'obtiennent d'une manière analogue.

Par ce qui vient d'être dit, on a pu reconnaître que la note dont le son est le plus étendu, c'est-à-dire la ronde, est en réalité celle qui donne naissance à toutes les autres, puisque toutes dérivent d'elle, qu'elles n'en sont qu'un diminutif, que successivement elles se forment l'une par l'autre, et que chacune ne possède que la moitié de la valeur de celle qui la précède.

Après avoir fait connaître la figure et la valeur des notes, nous indiquerons le rapport numérique qu'elles ont entre elles par l'exercice suivant. La ronde vaut :

Ou autrement :

La *ronde* vaut
{
2 blanches.
4 noires.
8 croches.
16 secondes-croches.
32 tierces-croches.
64 quartes-croches.

Pour nous faire mieux comprendre, opérons de nouveau en prenant la blanche. Cette note vaut :

Ou autrement :

La *blanche* vaut
{
2 noires.
4 croches.
8 secondes-croches.
16 tierces-croches.
32 quartes-croches.

On procédera de même pour chacune des notes prise à part. Cette division pourrait se continuer jusqu'à la quinte-croche ou la sixte-croche, mais ces notes sont peu usitées.

CHAPITRE V

DES SILENCES

Le *silence* est une interruption momentanée du son. Il existe plusieurs genres de silences qui, selon leur durée, sont représentés sur la portée par des signes différents ; chacun de ces signes a une signification qui correspond exactement à la valeur des notes.

On compte autant de sortes de silences qu'il existe de sortes de notes. En voici l'énumération.

La *pause*, qui se figure par un petit rectangle noir placé au-dessous de la quatrième ligne[1] et y adhérant ; c'est le silence de la ronde. Exemple :

La *demi-pause* se figure également par un petit rectangle noir, mais il est adhérent à la troisième ligne et placé au-dessus ; c'est le silence de la blanche :

1. Nous avons dit que les lignes de la portée se comptent à partir de la ligne inférieure.

Le *soupir*, qui est le silence de la noire, rappelle par sa forme le chiffre 7 figuré en sens inverse :

Le *demi-soupir*, qui a presque la figure du chiffre 7, est le silence de la croche :

Le *quart de soupir* est le silence de la seconde-croche, et se figure de la manière suivante :

Le *demi-quart de soupir* est le silence de la tierce-croche, et se figure ainsi :

Le *seizième de soupir* est le silence de la quarte-croche, et s'écrit ainsi :

Les silences appelés *soupir, demi-soupir, quart de sou-pir*, etc., se placent sur la troisième ligne, c'est-à-dire au centre de la portée, ainsi qu'on le voit dans les exemples qui précèdent.

Les deux portées ci-dessous montrent la correspondance et la valeur des silences avec les notes.

Voici également le rapport des silences entre eux. La pause vaut :

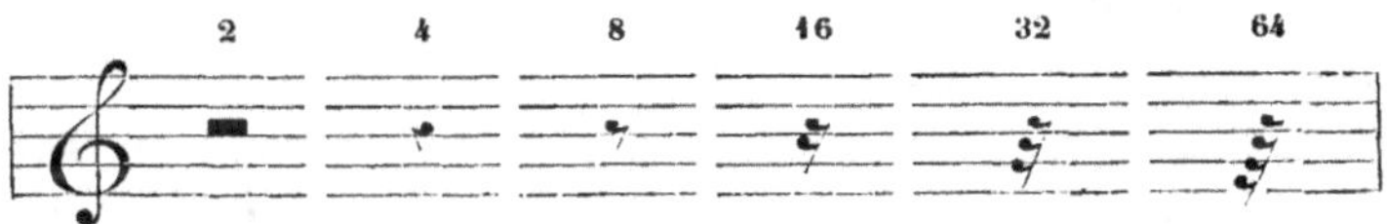

Ou autrement :

La *pause* vaut
{
  2 demi-pauses.
  4 soupirs.
  8 demi-soupirs.
 16 quarts de soupir.
 32 demi-quarts de soupir.
 64 seizièmes de soupir.

La subdivision des silences est exactement la même que celles des notes. Ainsi :

La *demi-pause* vaut { 2 soupirs.
4 demi-soupirs.
8 quarts de soupir.
16 demi-quarts de soupir.
32 seizièmes de soupir.

La réunion des notes et des silences s'appelle *notation*.

CHAPITRE VI

DU POINT

Le *point* est un signe qui a pour effet d'ajouter à une note la moitié de sa valeur; il se place à la droite de la note que l'on veut augmenter.

Ainsi, la ronde pointée équivaut à une ronde plus une blanche, ou à trois blanches; la blanche pointée vaut une blanche et une noire, ou trois noires; la noire pointée vaut une noire plus une croche, ou trois croches, etc.

Exemple de notes pointées.

Valeurs équivalentes.

Quelquefois un second point se place après le premier ; dans ce cas, ce deuxième point n'a que la moitié de la valeur du premier, c'est-à-dire que la note augmentée d'abord de la moitié de sa valeur, est augmentée de nouveau de la moitié de cette seconde valeur ; en un mot, quand la note est affectée de deux points, elle est augmentée des trois quarts de sa valeur normale.

Exemple de notes pointées doublement.

Valeurs équivalentes.

Certains musiciens ont même pointé les silences pour leur donner la valeur des notes auxquelles ils correspondent ; d'autres ont remplacé le point par le silence qui correspond à la valeur de ce même point. Ainsi, un soupir pointé par les uns, est remplacé par un soupir plus un demi-soupir par les autres.

Nous regardons comme inutile d'établir une règle à cet égard.

CHAPITRE VII

DE LA PHRASE, DE LA MESURE, ET DU RHYTHME

Lorsque le même chant est exécuté à plusieurs reprises et sans interruption, on remarque et l'on comprend cependant à quel endroit cet air se termine ; on sent qu'à cet endroit l'oreille est satisfaite et n'a plus rien à attendre.

En écoutant avec plus d'attention encore, on peut observer, dans ce même air, certaines parties qui semblent former aussi un sens complet et dont la terminaison est agréable ; puis, en décomposant ces parties, on découvre des passages plus ou moins longs, des phrases plus ou moins courtes, qui marquent pour ainsi dire les moments de la respiration du chant ; bien que l'oreille attende autre chose, elle admet volontiers ces courts instants de repos.

Ces divisions, ces portions, sont au chant ce que les périodes sont au discours : elles constituent ce qu'on appelle *phrase*.

En continuant d'analyser, si l'on écoute encore ou si l'on répète une des plus petites phrases du même air, on remarque que cette phrase peut se diviser elle-même en plusieurs petites parties qui à leur naissance sont distinguées par une augmentation momentanée du son.

C'est un fait naturel, un résultat d'expérience, par suite duquel un assemblage de sons devient un air, un chant pour l'oreille.

Ces petites subdivisions, indiquées par un son plus fort que les autres sons, s'appellent *mesures*.

Les idées musicales sont ordinairement séparées de deux en deux ou de quatre en quatre mesures.

Nous ferons ici une observation sur laquelle nous reviendrons plus tard, c'est que la phrase composée de plusieurs groupes de mesures, groupes séparés par de courts silences, par les respirations dont nous avons parlé, est indépendante de la plus ou moins grande vitesse qu'on imprime à ces mesures, tant que cette vitesse s'effectue régulièrement.

Comme, dans la nature, les faits se reproduisent du grand au petit, et réciproquement, si l'on étudie cette fraction d'un air, qu'on appelle mesure, on remarque de nouvelles subdivisions. Après le son fort qui commence, vient un son faible, puis vient un son fort, puis un son faible, et ainsi de suite; quelquefois deux sons faibles succèdent à un son fort, mais alors le second est toujours plus faible que le premier.

Souvent chacun des deux, des trois, des quatre sons qui composent ces diverses mesures est subdivisé lui-même en plusieurs autres sons ou accompagné de plusieurs autres sons : on donne aux premières subdivisions le nom de *temps*.

Les *temps* sont *binaires* ou *ternaires*.

Le mot *binaire*, du latin *bis*, signifie deux fois; le mot *ternaire*, dérive également du latin *ter*, et signifie trois fois.

L'oreille n'admet plus d'autres subdivisions. Le *temps* devient donc l'*unité de durée*.

Hâtons-nous de dire que cette *unité de durée* n'a aucun caractère absolu, qu'elle peut être plus ou moins longue, selon le caprice ou le besoin du musicien. Une fois admise néanmoins, elle sert de terme de comparaison pour toutes les autres *unités de durée* qui se trouvent dans le même chant, lesquelles alors, on le conçoit, doivent lui être rigoureusement égales.

En récapitulant, on appelle :

Temps, l'unité de durée affectée à l'un des deux ou trois sons principaux qui constituent la mesure. Il y a des temps forts et des temps faibles.

Mesure, la fraction d'un chant marquée par un son plus fort que les autres, ou si l'on veut, par un temps plus fort. Les mesures sont courtes, régulières, égales.

Phrase[1], un groupe de mesures exprimant une idée musicale.

Puisque l'oreille n'admet impérieusement dans un chant que le retour régulier d'un son plus fort qui vient de deux en deux, ou de trois en trois, on peut dire qu'il n'existe en réalité que deux sortes de mesures :

La mesure à deux temps,
La mesure à trois temps.

---

1. Nous ne pouvons, dans cet *Essai* élémentaire, donner au mot *phrase* l'acception précise qu'il a en musique ; seulement il nous est permis de constater, comme fait d'expérience et sans parler de la *cadence* (parce qu'elle est du ressort de l'*harmonie*), que les mesures se groupent de deux en deux, de quatre en quatre. Or, nous nommons *phrase* chaque groupe de mesures.

Pour faire sentir la différence qui existe entre ces deux mesures, il suffira de prononcer plusieurs fois de suite et à des intervalles égaux les chiffres suivants :

$$1 \ \ 2 \quad 1 \ \ 2 \quad 1 \ \ 2 \quad 1 \ \ 2 \qquad .$$

Mesure [1] à deux temps.

$$1 \ \ 2 \ \ 3 \quad 1 \ \ 2 \ \ 3 \quad 1 \ \ 2 \ \ 3 \quad 1 \ \ 2 \ \ 3$$

Mesure à trois temps.

Suivant que les temps se divisent eux-mêmes de *deux en deux*, de *trois en trois*, ces mesures appartiennent soit à la division binaire, soit à la division ternaire.

C'est du retour fréquent et régulier de certains temps plus accentués de ces deux genres de divisions, que naît le *rhythme*, et c'est en cela qu'il se distingue essentiellement de la mesure.

Le *rhythme* est donc aussi, comme la mesure, binaire ou ternaire.

Il y a des mesures à deux temps qui ont le rhythme ternaire, comme il y a des mesures à trois temps qui ont le rhythme binaire.

Nous allons examiner ces deux divisions qu'il importe de bien connaître.

DIVISION BINAIRE. Pour faciliter l'étude de cette division, nous adopterons la *noire* pour représenter l'unité de temps

---

1. On entend aussi par *mesure* l'espace qui, sur la portée, est compris dans les deux barres et qui renferme une ou plusieurs notes.

(quart de la *ronde*), parce que la valeur propre de cette note semble mieux correspondre aux temps de la division binaire.

En adoptant cette division du temps par la noire, nous sommes en opposition avec ceux qui veulent que, dans les mesures binaires, la *blanche* soit l'unité de mesure des temps, d'où il résulte que la mesure à deux temps vaut deux blanches : ce système est plus en rapport, en effet, avec la division primitive des temps et l'origine de la forme des notes. Mais nous avons toujours remarqué que les enfants éprouvent la plus grande difficulté à exécuter la mesure à deux temps, avec une noire pour chaque temps, quand on a commencé à leur enseigner que cette mesure est composée de deux blanches; et comme c'est tout particulièrement à eux que nous nous adressons, nous n'hésitons pas à abandonner ce système.

Dans la division binaire, nous admettrons trois mesures :

> La mesure à deux temps, avec deux noires;
> La mesure à trois temps, avec trois noires[1];
> La mesure à quatre temps, avec quatre noires.

La mesure à *quatre temps*, avec quatre noires, n'est que le double de la mesure à deux temps; néanmoins nous l'adoptons comme mesure spéciale, à cause de la distinction marquée que font les compositeurs entre ces deux mesures par rapport au mouvement.

---

1. Il faut bien faire attention que la mesure à trois temps est binaire, quand le temps se divise par *deux*. Or, ici la noire se divise précisément en deux croches.

Puisque nous avons admis la noire pour un temps, il est évident que les subdivisions et les multiples de cette noire pourront entrer dans la composition des mesures binaires. Par exemple, la mesure à deux temps, qui vaut deux noires, pourra se présenter avec une blanche, ou quatre croches, ou huit secondes-croches, etc., de la manière suivante :

Battre la mesure exprime cette action qui consiste à frapper un coup, soit avec une baguette, soit avec la main, soit même avec le pied, pour marquer les divisions égales de la mesure ou du rhythme.

La mesure à deux temps se bat en figurant une ligne verticale. Exemple :

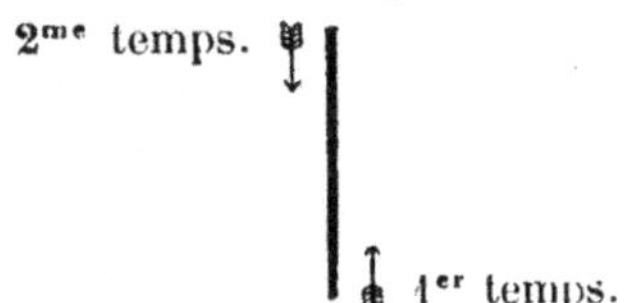

On frappe le premier temps; le deuxième s'indique en élevant la main.

Pour indiquer cette mesure, on écrit les chiffres $\frac{2}{4}$ à côté de la clé. Le chiffre 4 exprime en combien de parties on divise la ronde ; le chiffre 2 exprime combien on prend de ces parties. Ainsi, c'est comme si l'on disait *deux quarts de la ronde* ou *deux noires* [1].

La mesure à trois temps vaut trois noires ; par conséquent elle pourra se présenter soit avec une blanche et une noire, soit avec six croches, soit avec douze secondes-croches, etc.

Cette mesure s'indique par les chiffres $\frac{3}{4}$ superposés et placés immédiatement après la clé.

Le chiffre 4 exprime en combien de parties on divise la ronde ; le chiffre 3 exprime combien on prend de ces parties.

Parfois on imprime un mouvement plus rapide à la mesure à trois temps, alors on l'écrit avec une croche pour un temps ; elle s'indique avec les chiffres $\frac{3}{8}$ c'est-à-dire trois fois la huitième partie de la ronde. Cette mesure appartient évidemment à la division binaire, puisque la croche se divise en deux secondes-croches.

Pour battre la mesure à trois temps, on frappe le premier avec la main, on la porte à droite au deuxième, puis on la lève au troisième, de manière à décrire cette figure :

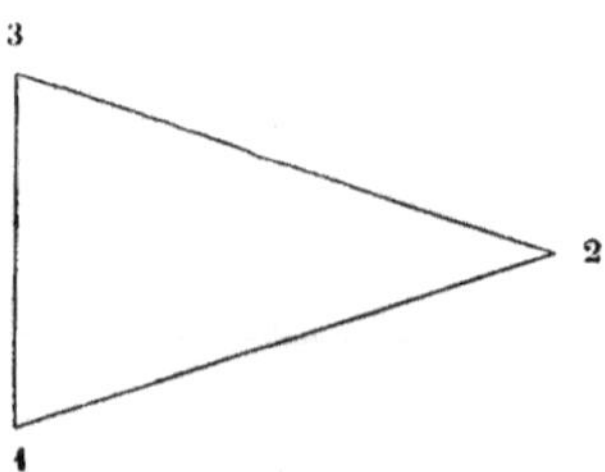

1. On a admis une mesure à deux temps avec deux blanches, qui s'indique par un C traversé d'une ligne verticale. Cette mesure est exacte-

En partant du même principe, la mesure à quatre temps, qui vaut quatre noires, devrait être indiquée par les chiffres $\frac{4}{4}$ c'est-à-dire quatre quarts de la ronde ; mais on a préféré, et nous conserverons pour cette indication, un C placé à côté de la clé.

Pour battre la mesure à quatre temps, on frappe le premier temps, on porte la main à gauche pour le deuxième ; puis à droite pour le troisième, enfin on la lève en la ramenant vers la gauche pour le quatrième.

L'itinéraire que la main devra suivre est indiqué par la figure suivante :

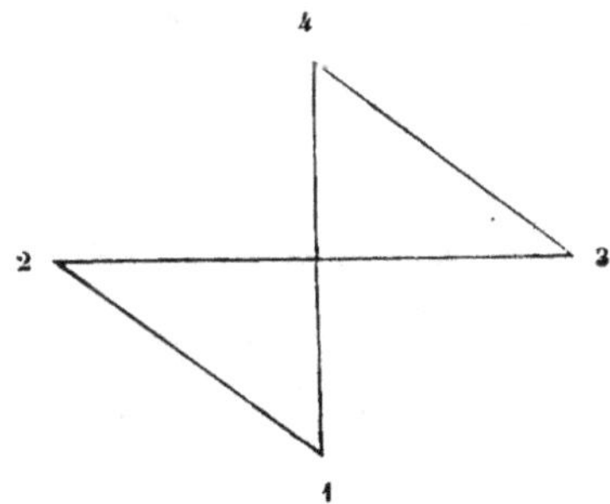

On peut quelquefois partager en deux la mesure à quatre temps, de manière à battre deux mesures à deux temps, et réciproquement la mesure à deux temps peut se battre à quatre temps, surtout quand elle est composée

ment la même que celle à quatre temps avec la noire pour un temps : aussi nous la négligerons pour l'étude élémentaire, certain que nous sommes d'éviter ainsi la confusion qui ne manque jamais de se produire dans l'esprit de l'élève. Lorsque son éducation sera plus avancée, il aura assez de discernement pour reconnaître ces deux mesures, qui, représentées par les mêmes notes, ne sont pas annoncées par les mêmes signes.

de quatre croches. Cependant, comme il n'est pas toujours possible de faire ainsi, il est préférable de s'en tenir à l'emploi des mesures régulières.

DIVISION TERNAIRE. Dans la division ternaire nous aurons également :

La mesure à deux temps,
La mesure à trois temps,
La mesure à quatre temps.

Le temps de chacune de ces mesures se compose d'une noire pointée ou de trois croches. Voici les principales :

la mesure à $\frac{6}{8}$ la mesure à $\frac{9}{8}$ la mesure à $\frac{12}{8}$

Ces mesures se battent comme les mesures binaires, mais la composition de leurs temps diffère essentiellement de la composition des temps de ces dernières.

La mesure à $\frac{6}{8}$ qui veut dire six fois le huitième de la ronde, ou six croches, se bat à deux temps ; le temps vaut trois croches.

La mesure à $\frac{9}{8}$ qui veut dire neuf fois le huitième de la ronde, ou neuf croches, se bat à trois temps ; le temps vaut trois croches.

La mesure à $\frac{12}{8}$ qui veut dire douze fois le huitième de la ronde, ou douze croches, se bat à quatre temps ; chaque temps vaut trois croches.

Quoique les mesures ternaires se battent comme les mesures binaires, à deux, à trois et à quatre temps, on a vu que le rhythme n'est cependant pas le même. Cela tient à l'élément qui compose le temps, c'est-à-dire au nombre de divisions qu'il comporte. Ainsi, le temps de la mesure à deux temps se compte par 2, ou 4, ou 8, tandis que celui de la mesure à $\frac{6}{8}$ se compte par 3, ou 6, ou 12, c'est là ce qui constitue la différence essentielle qui existe entre la mesure binaire et la mesure ternaire.

On conçoit aisément que chaque genre de mesure produise un rhythme bien différent, par la raison que deux croches pour un temps ne produiront pas le même effet que trois croches pour un temps.

Au commencement des études musicales, on éprouve de la difficulté à passer de la mesure binaire à la mesure ternaire, et réciproquement, avec le même mouvement donné ; mais quand on est bien pénétré des principes développés ci-dessus. on arrive aisément à ce résultat. Cette difficulté une fois vaincue, il est facile de faire comprendre de quelle manière s'exécute le *triolet*, qui n'est autre chose que la mesure ternaire introduite momentanément dans la mesure binaire, et qui s'indique par le chiffre 3 placé au-dessus de la croche qui tient le milieu.

Les mesures sont indiquées sur la portée par des lignes perpendiculaires qu'on appelle *barres de mesure ;* elles ne dépassent la portée dans aucun sens.

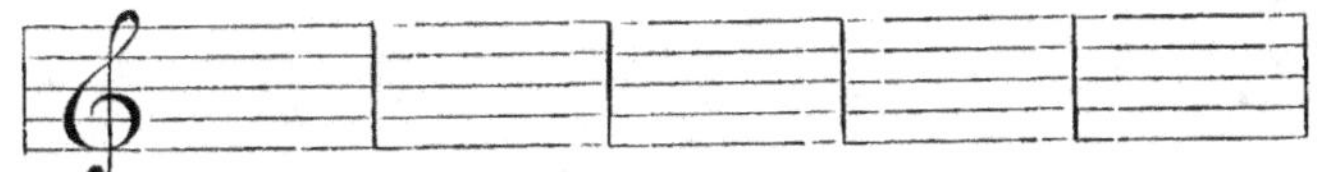

Tous les détails élémentaires de cette partie de la musique sont si importants. si essentiels. que. quelle que soit l'habileté d'un artiste à se servir de son instrument, il est insupportable pour ceux qui l'écoutent s'il n'observe pas rigoureusement la mesure.

Quand on enseigne la musique à un enfant, il est nécessaire, indispensable même parfois, d'employer des moyens à la portée de son intelligence. Ainsi, pour faire comprendre pourquoi les mesures de la division *binaire*

$$\frac{2}{4} \quad \frac{3}{4} \quad \frac{3}{8}$$

et celles de la division *ternaire*

$$\frac{6}{8} \quad \frac{9}{8} \quad \frac{12}{8}$$

s'indiquent par deux chiffres superposés, on peut par exemple, prendre une carte ou un papier découpé en rond, et convenir avec l'élève que la *ronde* sera représentée ainsi; puis on divise ce rond de papier par ses diamètres en autant de parties égales que l'indique le chiffre placé au-dessous, c'est-à-dire au dénominateur. A l'aide de ces fractions, si l'on veut expliquer la mesure à $\frac{2}{4}$ on lui fait voir que le papier qui figure la ronde est divisé en quatre parties, dont chacune représente une noire, et qu'en prenant deux de ces parties, on a la mesure à deux temps.

On fait de même pour la mesure à $\frac{3}{4}$ mais en prenant trois parties ou trois noires [1]. Le même raisonne-

1. Ce mode d'opérer semblera puéril aux personnes exercées; mais il ne faut pas perdre de vue que notre travail s'adresse à des intelligences en

ment s'applique aux mesures qui ont le chiffre 8 ou tout autre au dénominateur. Il faut que l'enfant soit bien pénétré que ce chiffre 8, si souvent employé pour les mesures ternaires, veut dire le huitième de la ronde, et qu'il est égal à une croche. Ainsi, la mesure à $\frac{6}{8}$ signifie que la ronde est divisée en huit parties, et qu'on en prend six; conséquemment elle a six croches, et comme cette mesure se bat à deux temps, elle a trois croches pour un temps.

Nous ne saurions trop le redire, quand une mesure est exprimée par deux chiffres superposés, le chiffre inférieur indique en combien de parties se divise la ronde; le chiffre supérieur indique combien on prend de ces parties.

Assez communément on désigne les mesures binaires à deux, trois et quatre temps, sous le nom de *mesures simples*, et les mesures ternaires, sous le nom de *mesures composées*. Ces dénominations pourraient faire supposer que les mesures composées dérivent des mesures simples; il n'en est pas ainsi cependant, car les mesures simples dérivent du rhythme binaire, et les mesures composées sont produites par le rhythme ternaire; elles sont donc indépendantes les unes des autres.

En conséquence, nous n'admettrons pas ces dernières dénominations qui nous paraissent impliquer une idée fausse.

germe, et l'expérience pratique nous a démontré l'efficacité de ces moyens et les résultats qu'on en peut obtenir : c'est pourquoi nous n'avons pas voulu négliger de les indiquer.

CHAPITRE VIII

DU TEMPS FORT ET DU TEMPS FAIBLE

Nous avons dit que les points de division d'une mesure s'appellent *temps*.

Dans toute espèce de mesure, il y a des temps *forts* et des temps *faibles*.

Les temps forts sont ceux sur lesquels le rhythme s'appuie plus particulièrement.

Ainsi, dans une mesure *binaire*, de deux en deux, de quatre en quatre, etc., suivant la composition du temps, on sent que la première note de chaque temps est naturellement plus accentuée.

Dans une mesure *ternaire*, cette accentuation plus marquée a lieu de trois en trois, de six en six, etc.

Dans la mesure à deux temps, le premier temps est fort et le second est faible.

Dans la mesure à trois temps, le premier temps est fort, le second et le troisième sont faibles.

Dans la mesure à quatre temps, le premier et le troisième sont forts, le deuxième et le quatrième sont faibles.

Tous les temps, soit forts, soit faibles, ont également une partie forte et une partie faible.

Ainsi, dans la mesure à deux temps, composée de quatre croches, la première croche représente la partie forte du premier temps, la deuxième croche, la partie faible.

Il en est de même dans le deuxième temps, et ainsi de suite pour toutes les mesures.

CHAPITRE IX

DE LA SYNCOPE ET DU CONTRE-TEMPS

Le mot *syncope* vient du grec, et signifie *retranchement*, *diminution*, et, par extension, *défaillance*, *affaiblissement des forces*.

Lorsqu'un son commence sur un temps faible, et se prolonge sur un temps fort, sans que l'on fasse sentir ce temps qui le coupe, il se produit une surprise qui naît de la dissimulation de ce temps fort : l'oreille cherche un moment le redoublement de son qui devait la frapper. Cette espèce de réticence s'appelle *syncope*.

La syncope est aussi la réunion de deux notes de même degré, dont la seconde ne se répète pas, même lorsque ces deux notes sont séparées, soit par un temps, soit par une barre de mesure.

La syncope est une des combinaisons de notes les plus ingénieuses et les plus agréables de la musique. Il faut qu'elle soit bien comprise, et elle a besoin d'être pratiquée avec persévérance, pour arriver, par l'exécution, à rendre tout son effet, qui consiste principalement à déplacer le *scandé*[1] d'une mesure.

---

1. Scander, du latin *scandere*, signifie compter. Quand on exécute en comptant les temps ou les divisions des temps d'une mesure, cette opération s'appelle *scander une mesure*. L'ensemble des divisions qui indiquent ces temps, s'appelle *le scandé*.

Voici un moyen simple de décomposer la syncope, et à l'aide duquel on parviendra facilement à l'exécuter.

En exécutant la mesure nº 1, on dira *ta* à chaque temps; dans la mesure nº 2, on supprimera le *t* du troisième temps pour ne prononcer que *a*, ce qui fera *ta...a*. Dans celle nº 3, on réunira les deux noires pour en faire une blanche, en disant toujours *ta....a*. Ici, la note blanche est syncopée, parce que le son de cette note commence sur le deuxième temps, qui est faible, et se prolonge sur le troisième qui est fort. Le son de cette note est donc coupé par le temps, et c'est là ce qui constitue la syncope.

La dernière note de la mesure nº 3 et la première de la mesure nº 4 sont deux notes du même degré; ces deux notes sont liées par une ligne courbe; cette ligne est le signe indicateur de la syncope quand elle a lieu d'une mesure sur une autre.

Ce cas se rapporte à la deuxième définition que nous avons donnée; alors les deux notes sont liées par la ligne courbe, la seconde ne se répète pas, et elles sont coupées par une barre de mesure sur laquelle commence le premier temps de la mesure nº 4.

La syncope dont nous venons de nous occuper, est formée de noires combinées avec des blanches. Mais quand elle a lieu avec des croches et des noires, il faut appliquer le même principe aux parties faibles et aux parties fortes des temps. Exemple :

On voit dans la première mesure, que le son de la deuxième note commence sur la partie faible du premier temps, qui est fort, et se prolonge sur le deuxième temps qui, quoique faible par rapport à la mesure, est fort par rapport à la dernière croche comme deuxième partie faible d'un temps faible.

Dans les mesures suivantes, la rapidité de l'exécution fera sentir que les temps forts et les parties fortes des temps faibles s'appuient sur les demi-soupirs ou les quarts de soupir, et qu'alors toutes les notes exécutées appartiennent à des temps faibles ou aux parties faibles de ces temps.

Si l'on est bien pénétré de ce que nous avons dit sur la manière de battre la mesure, si l'on a bien distingué le temps fort du temps faible, c'est-à-dire le temps *frappé* du temps *levé*, on remarquera que le son se fait entendre ici sur le temps levé au lieu de se produire sur le temps frappé. C'est cette dérogation à l'usage qui constitue le contre-temps.

Le *contre-temps* est donc un son produit sur les temps faibles ou sur les parties faibles de ces temps.

De même que dans la syncope, le temps fort est supprimé. L'oreille cherche encore ce qu'elle attendait. Quelques musiciens ont regardé le contre-temps comme synonyme de la syncope, parce qu'il est produit par elle. C'est principalement lorsque les syncopes sont formées par les silences, comme dans l'exemple qui précède, que le contre-temps se fait sentir, et plus particulièrement encore quand la musique est exécutée avec rapidité.

Il y a deux espèces de syncopes : l'une *régulière*, l'autre *irrégulière*.

La première a lieu lorsque les notes syncopées sont de même valeur.

Deux notes syncopées de valeur différente produisent la syncope *irrégulière*.

CHAPITRE X

DE LA LIAISON OU COULÉ, DU DÉTACHÉ, ET DU PIQUÉ

Ainsi qu'on l'a vu déjà, il existe dans l'écriture musicale une série de signes conventionnels qui modifient les notes d'une manière quelconque. Ces signes prennent le nom d'*articulations*.

La *liaison*, ou autrement dit le *coulé*, est de ce nombre. Ce signe a la figure d'une ligne courbe ⌒ et a pour effet de lier ensemble toutes les notes que cette ligne embrasse.

Quand la liaison est placée sur des notes du même degré, son effet est de lier ces notes entre elles, de manière à ne former qu'un seul et même son; alors, elle a la même propriété que le point ou que la syncope. Mais l'effet est tout autre quand le coulé est placé sur un nombre de notes de degré différent ; il indique alors que toutes ces notes sont liées ensemble, de manière à rendre tous les sons qu'elles représentent, adhérents les uns aux autres.

Exemples de liaisons différentes.

Dans le premier exemple, la noire de la deuxième mesure est liée à la blanche , ainsi que les deux noires qui suivent, et ne produisent toutes qu'un son unique.

Dans le second exemple, les croches des deux mesures, se trouvent liées, quoique n'étant pas sur le même degré.

Le *détaché* est l'opposé du coulé ; il a la forme d'un point ordinaire, et se place au-dessus des notes. Il indique qu'il faut les séparer, les exécuter distinctement.

Quand on rencontre des points qui ont presque la forme d'un point admiratif, l'exécution doit être plus accentuée ; c'est ce qu'on appelle le *piqué*.

Dans ces deux exemples, on voit comment se figurent le *détaché* et le *piqué*.

CHAPITRE XI

DES ABRÉVIATIONS EN GÉNÉRAL

On entend par *abréviations* certains signes qui servent à simplifier, à abréger l'écriture musicale.

Ainsi, lorsqu'il se présente une succession de notes à crochet, croches, secondes-croches, tierces-croches, etc., on les réunit sur la portée en les liant ensemble par autant de lignes parallèles qu'il existe de crochets à ces notes, de telle sorte que ces lignes équivalent aux crochets et les remplacent.

Exemple de diverses croches non réunies.

Exemple des mêmes croches réunies.

C'est une des simplifications de l'écriture musicale, qui a pour effet de la rendre moins confuse. Toutefois, cette liaison ne peut avoir lieu pour la musique vocale, lorsque chaque note correspond à une syllabe du chant.

Pour éviter d'écrire de nouveau une ou plusieurs
mesures qui doivent être répétées, on place, soit au-dessus,
soit au-dessous de certaines notes, une ou plusieurs barres
obliques. Voici quelques exemples de ces abréviations :

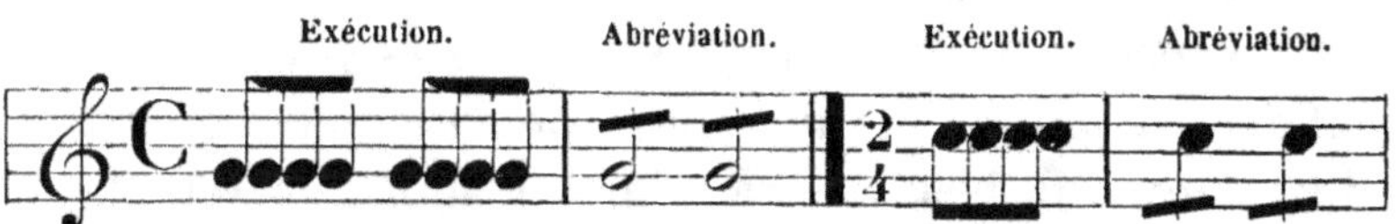

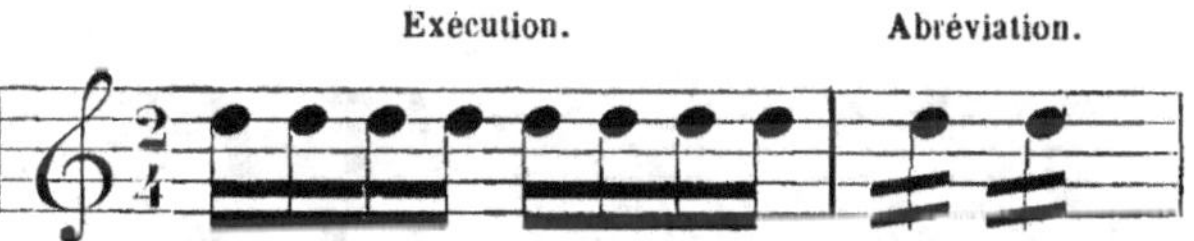

Le rapprochement d'un grand nombre de croches, secondes-croches, tierces-croches, etc., présente l'inconvénient de surcharger l'écriture musicale, et vient augmenter
la difficulté de la lecture; par simplification, on remplace
parfois toutes ces notes par des blanches liées comme des
croches. Exemple :

L'assemblage de ces croches, secondes-croches, tierces-
croches, a reçu le nom de *batterie*.

Nous ne prolongerons pas ces explications; il suffira
de produire quelques exemples.

Il existe encore d'autres abréviations qu'on nomme
signes de renvoi.

Au nombre de ces abréviations, il est certains mots,
certaines phrases même, qui nous ont été légués par la
langue italienne, et que la tradition nous a conservés.
Ainsi le mot *Fine* est employé pour indiquer l'endroit où
le morceau se termine; car il peut être utile de dire ici

qu'il n'en est pas de l'écriture musicale comme de l'écriture ordinaire, où la fin n'a pas besoin d'être indiquée, et se comprend de reste quand on est arrivé à la dernière ligne. En musique, cette fin peut se rencontrer partout dans le cours d'un morceau, car, assez ordinairement, il se termine par la reprise d'un certain nombre de mesures ; c'est alors qu'on emploie le mot *Fine*, pour faire connaître à quelle mesure le morceau finit.

Au début d'un morceau, quand on aperçoit le signe qui affecte cette forme ⚿, c'est l'indice que ce même signe reparaîtra dans le cours du morceau ; l'attention doit alors être éveillée, car lorsque ce signe est répété pour la seconde fois, il veut dire que l'on doit retourner au premier, recommencer à partir de ce point, et continuer alors jusqu'à la rencontre du mot *Fine*.

Ce signe a donc pour effet de dispenser de récrire toutes les mesures que l'on veut répéter ; c'est pour cela qu'il renvoie à l'endroit même où ces mesures ont déjà été écrites.

Disons toutefois que le mot *Fine* est cependant sans effet, tant qu'on n'a pas rencontré pour la seconde fois ce signe ⚿, et que ce mot n'a de valeur qu'après la reprise.

Le point d'orgue est un signe qui se place au-dessus de la portée, sur des notes ou sur des silences.

Il se figure ainsi ⌢ et a pour effet de suspendre la mesure pendant un temps laissé à la volonté de l'exécutant.

Quand il se présente sur une barre de mesure, ou sur des silences, il devient un point d'arrêt.

Les mots italiens *Da Capo* (de la tête), ou leur abréviation par les lettres *D C*, signifient qu'il faut recommencer à partir de la tête, c'est-à-dire de la première mesure, et continuer alors jusqu'au mot *Fine*.

Quand un morceau comporte plusieurs mesures qui doivent être répétées, ces mesures sont séparées par une double ligne noire qu'on appelle *barre de séparation*. L'ensemble de ces mesures s'appelle *reprise*. Exemple :

Deux points placés à la fin d'une reprise, et avant la barre de séparation, indiquent qu'il faut exécuter une seconde fois cette reprise.

Quelquefois, au lieu d'être à la fin d'une reprise, ces deux points se trouvent au commencement et à droite de la barre de séparation; dans ce cas, on est averti d'avance qu'il faudra répéter la reprise.

Nous avons vu que la pause est le silence de la ronde, et que par conséquent elle a la valeur de 4 noires. Néanmoins, on utilise ce signe pour exprimer qu'il faut s'arrêter pendant une mesure entière, quelle qu'en soit l'espèce.

Lorsque le chant doit être suspendu pendant un temps qui dépasse la valeur d'une pause, on figure sur le milieu de la portée des barres épaisses et perpendiculaires, appelées *bâtons de mesure*, et au-dessus de ces bâtons se place un chiffre indiquant le nombre de mesures pendant lesquelles on devra s'arrêter.

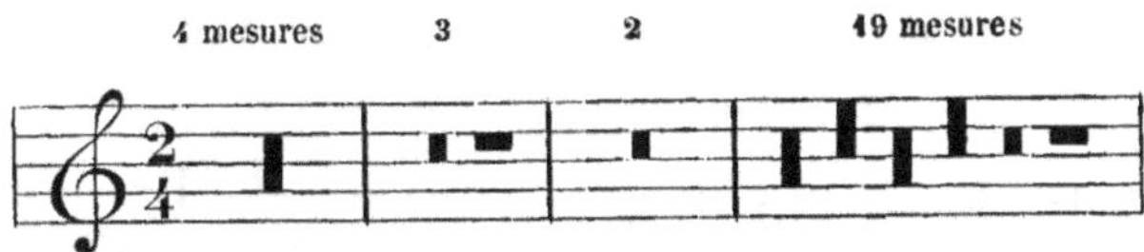

Mais plus ordinairement on figure un seul bâton avec un chiffre équivalent au nombre des mesures à compter.

Les deux lettres *tr,* ou les signes ∿ ou ∾, placés au-dessus et au-dessous d'une note, signifient que cette note, qui représente un son, doit être liée et répétée ainsi, plus ou moins rapidement, avec la note qui représente le son le plus rapproché du premier.

On appelle *petites notes,* certaines notes d'un caractère délié qui ornent le chant sans être comptées dans la mesure. La simple petite note s'appelle *appoggiature,* les autres prennent le nom de *gruppetto,* petit groupe.

Le guidon ⌐ sert à désigner la note qui va suivre en passant d'une portée à une autre. On l'emploie aussi quelquefois pour indiquer qu'une échelle de sons ne s'arrête pas à la dernière note que l'on a figurée.

Il y a encore quelques autres ornements que l'usage fera connaître.

CHAPITRE XII

DU MOUVEMENT ET DES NUANCES

Nous avons dit que le *temps*, c'est-à-dire l'*unité de durée*, n'a aucun caractère absolu, et peut être plus ou moins long, suivant le caprice ou le besoin du musicien. Le mouvement, ou, autrement, le degré de lenteur ou de vitesse imprimé au temps, se communique nécessairement à la mesure, puis à la phrase, puis au chant tout entier.

Le mouvement est d'une extrême importance; il a son caractère dans la prosodie; il imite ou il exprime les passions. Puisqu'au début de cet *Essai*, nous avons comparé la musique à une langue, nous ajouterons que le mouvement, d'où naît le rhythme, a le mérite de peindre certaines choses ou de reproduire certains sentiments : c'est l'image de la parole.

Il y a dans la mesure cinq principales modifications du mouvement, lesquelles passent de la lenteur à la vitesse. Ces modifications sont exprimées par des mots italiens, que l'on écrit au commencement du morceau :

	Signification.
LARGO.	Largement.
ADAGIO	Lent.
ANDANTE	Modéré.
ALLEGRO	Gai.
PRESTO	Vite.

Chacun de ces degrés de mouvement se subdivise en

d'autres degrés que l'on peut appeler les diminutifs des premiers. Exemple :

Signification.

LARGHETTO	Moins lentement.
ANDANTINO.	Un peu plus vite qu'*andante*.
ALLEGRETTO	Un peu moins vite qu'*allegro*.
PRESTISSIMO	Très-vite.

Enfin, on emploie encore d'autres mots pour exprimer le caractère de l'air auquel ils s'appliquent :

Signification.

AGITATO	Agité.
VIVACE	Vivement.
GUSTOSO	Avec goût.
CON BRIO	Avec éclat (1).

La *nuance* est l'intensité plus ou moins grande que peut recevoir un son, une mesure, un groupe de mesures, etc.

La *douceur* et la *force* de certaines phrases, de certaines notes, contribuent à donner à la musique la grâce qui charme et séduit.

On remarque que les sons, en passant du grave à l'aigu, acquièrent progressivement de la force.

On fait usage de *signes* et de *mots* pour indiquer la gradation du *doux* au *fort*, ou la transition du *fort* au *doux* : on se sert des signes pour les passages de peu d'étendue, et les mots s'emploient pour les phrases ou les airs entiers.

1. Toutes ces indications de mouvement n'ont, du reste, rien de bien précis, et le plus sûr est de les accompagner d'un chiffre du métronome. Nous n'indiquons ici que les principales.

Les signes sont :

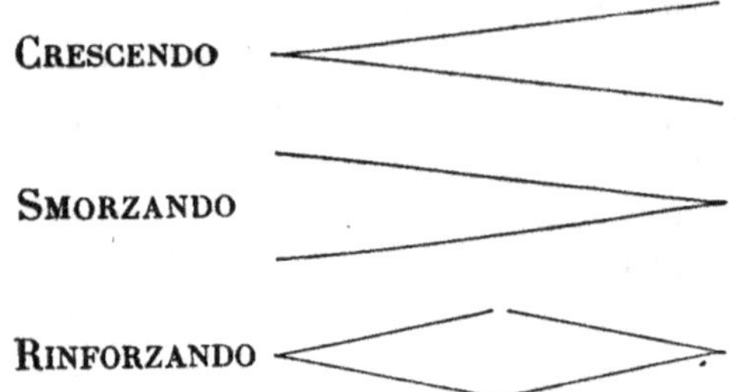

CRESCENDO

SMORZANDO

RINFORZANDO

Ils servent, le premier à enfler, le second à diminuer, le troisième à enfler et à diminuer successivement, les sons des notes sur lesquelles ou au-dessous desquelles on les trouve placés.

Quant aux mots, nous citerons les principaux :

	Abréviation.	Signification.
PIANO	P	Faible, doux.
PIANISSIMO	PP	Extrêmement doux.
Trois P	PPP	Le plus doux possible.
DOLCE	Dol	Doux.
FORTE	F	Fort.
FORTISSIMO	FF	Très-fort.
Trois F	FFF	Le plus fort possible.
MEZZO FORTE	mF	Demi-Fort.
LEGATO	Leg	Lié.
STACCATO	Stacc	Détaché.
RITARDANDO	Ritard.	En retardant.
RALLENTANDO	Rall.	En ralentissant.
ACCELERANDO	Accel.	En accélérant.
A TEMPO	Tempo primo	Premier mouvement.
ESPRESSIVO	Espress	Expressif.
LEGGIERO	Legg	Léger.
CON ANIMA		Avec âme.

CON SPIRITO............................... Avec esprit.
CON GRAZIA .... Avec grâce.
CON GUSTO................................. Avec goût.
CON FUOCO................................. Avec feu.
CON FORZA................................. Avec force.
ANIMATO .... Animé.
BEN MARCATO .... Bien marqué.
AD LIBITUM................................ A volonté.
A PIACERE................................. A plaisir.
POCO A POCO .... Peu à peu.

CHAPITRE XIII

DE LA GAMME

Nous entrerons ici dans quelques détails historiques qui pourront ne pas être sans intérêt pour l'élève.

Il n'est plus douteux aujourd'hui que notre gamme doit son origine à celle des Grecs.

La gamme des Grecs ne se composait que de quatre sons ou cordes, qui, réunis, ont donné naissance à un instrument formé de quatre cordes, appelé *tétracorde*, du grec *tetra*, quatre. Par extension, la gamme elle-même prit et conserva longtemps le nom de *tétracorde*.

C'est à l'aide de cette échelle, de si peu d'étendue, que, vers le IVe siècle, saint Ambroise, évêque de Milan, forma ces chants religieux qui, du nom de leur inventeur, ont été appelés *chants ambroisiens*.

Deux siècles plus tard, ces chants, perfectionnés par le pape saint Grégoire, prirent également son nom, et s'appelèrent *grégoriens*. Ces derniers sont encore aujourd'hui en usage dans nos églises sous le nom de *chant romain*, ou *plain-chant*.

Jusqu'au commencement du XIe siècle, la musique n'a pas eu d'autre échelle de sons que le tétracorde.

Mais vers cette époque, un nommé Gui d'Arezzo [1] eut la pensée d'ajouter une note au-dessus et une au-dessous du tétracorde, et fit ainsi une nouvelle échelle de six notes nommée *hexacorde*, du grec *hex*, six.

A l'exemple des Grecs, qui employaient les lettres de l'alphabet pour marquer le degré de gravité ou d'acuité de leurs notes, Gui d'Arezzo, pour désigner la note qu'il ajoutait au grave, adopta le *g* des Grecs (*gamma*); c'est à cette circonstance que l'ensemble des notes de l'échelle des sons doit son nom de *gamme* [2].

Cependant, frappé plus tard des difficultés de l'emploi de ces lettres, il eut la pensée de les réformer et d'y substituer la première syllabe de chaque vers d'un hymne à saint Jean-Baptiste. Voici ces vers :

UT *queant laxis*
REsonare *fibris*,
MI*ra gestorum*
FA*muli tuorum*,
SOL*ve polluti*
LA*bii reatum....*

1. Gui l'Arétin, ou Guido d'Arezzo, moine bénédictin de l'Abbaye de Pomposa (duché de Ferrare), né à Arezzo, vers l'an 995. Il a laissé quelques écrits sur la musique. L'époque de sa mort est ignorée.

2 Disons qu'aujourd'hui on entend aussi par gamme, dans un sens moins absolu, une portion plus ou moins étendue de cette même échelle ; ainsi, par exemple, l'échelle de huit notes s'appelle *gamme*.

L'œil du lecteur lui a appris, avant nous, le nom [1] des six notes de l'hexacorde, et l'a familiarisé avec l'ingénieuse combinaison de Gui d'Arezzo, laquelle fit alors une révolution dans la musique.

Gui avait combiné ses hexacordes de manière à trouver toujours un intervalle moindre que celui d'un ton du troisième au quatrième son.

Le premier hexacorde commençait par la note la plus basse, c'est-à-dire la plus grave, laquelle répondait, selon lui, à la syllabe *sol*. Mais il négligea d'indiquer une syllabe pour déterminer le son qui arrivait après le *la* en montant.

La lettre *B*, qui désignait précédemment ce son, fut ainsi conservée. En conséquence, le premier hexacorde de Gui d'Arezzo était composé ainsi :

$$sol \quad la \quad B \underbrace{\quad} ut \quad ré \quad mi$$
$$\text{1/2 ton}$$

Ainsi qu'on le voit, l'intervalle moindre qu'un ton, intervalle que nous appellerons provisoirement un demi-ton, se trouvait entre *B* et *ut*, c'est-à-dire du troisième au quatrième son de l'hexacorde.

---

1. Les Italiens ont débaptisé la note *ut* pour l'appeler *do*. Nous pensons que cette réforme, d'un usage assez répandu déjà, aura cependant quelque peine à se faire admettre d'une manière absolue, parce que, dans le langage musical, elle prête à des rapprochements de mots ridicules. Ainsi, il est peu probable qu'on se décide jamais à dire : *la clé de do*, — *le do de poitrine*, etc.

Toutefois, comme la syllabe *do* semble présenter plus de facilité pour l'émission du son, nous l'admettrons aussi, mais seulement pour la solmisation.

Il commença le second hexacorde par la quatrième note du premier, de la manière suivante :

$$ut \quad ré \quad \underbrace{mi \;\; fa}_{1/2 \text{ ton}} \quad sol \quad la$$

Le demi-ton était encore entre le *mi* et le *fa*.

Quand il voulut composer le troisième hexacorde par la quatrième note du second, il fut arrêté par le demi-ton qui se trouvait entre *B* et *ut*, au lieu d'être entre *la* et *B*.

C'est cette difficulté qui l'obligea à baisser le son *B* d'un demi-ton.

Il résulta de cette combinaison qu'il dut faire une distinction entre le son *B* pris à distance de un ton, et le même son pris à distance de un demi-ton à partir de *la*.

Le premier, qui était le son primitif, fut appelé *B dur* ou *B carré*.

Le second s'appela *B mol*, pour indiquer que l'intervalle du demi-ton était plus doux à l'oreille.

Le troisième hexacorde fut donc ainsi composé :

$$fa \quad sol \quad \underbrace{la \;\; B}_{1/2 \text{ ton}} \text{ mol} \quad ut \quad ré$$

Le quatrième hexacorde recommençait par la même note que le premier :

$$sol \quad la \quad \underbrace{B \;\; ut} \quad ré \quad mi$$

Le cinquième était :

$$ut \quad ré \quad mi\ fa \quad sol \quad la$$

Et ainsi de suite jusqu'à sept hexacordes, qui composaient une échelle de vingt notes représentant des tons, lesquelles notes correspondaient à l'étendue moyenne des diverses voix humaines.

Nous avons dit que le son *B* n'avait pas reçu d'abord de dénomination dans le système de Gui d'Arezzo. Il s'aperçut de cette omission ; et, voulant la faire disparaître, il imagina de se servir des syllabes *mi-fa*, toutes les fois qu'il voulait exprimer un demi-ton quelconque en montant ; ces mêmes syllabes transposées (*fa-mi*), lui servaient quand il voulait exprimer un demi-ton en descendant.

C'est entre ces deux syllabes que se trouvait le demi-ton dans le second hexacorde.

En sorte que pour solfier[1], en montant, les notes :

$$fa \quad sol \quad sol\ la \quad la$$

en supposant un demi-ton entre les notes *sol la*, il fallait dire :

$$fa \quad sol \quad mi\ fa \quad la$$

pour solfier, en descendant, les notes :

$$la \quad sol \quad sol\ fa \quad mi.$$

---

1. *Solfier*, ou *solmiser*, signifie chanter les notes en prononçant les syllabes qui servent à leur dénomination.

en supposant un demi-ton entre les notes *sol fa*, il
fallait dire :

la   sol   fa   mi   mi.

Cette manière bizarre de solfier s'appelait chanter par
muances, du verbe latin *mutare*, changer.

Ces changements successifs et fréquents apportés à
l'ordre des syllabes chaque fois qu'il fallait exprimer un
demi-ton, compliquaient et augmentaient les difficultés,
au grand désespoir des étudiants.

Malgré tout, le chant par muances se consolida et se
perpétua très-longtemps ; il était en usage au siècle dernier dans quelques parties de l'Europe ; et l'on ne peut
comprendre comment, en France, il est resté en pleine
vigueur jusqu'au commencement du dix-septième siècle.

C'est vers cette époque qu'une nouvelle révolution
devait se produire.

Le son *B*, qui était demeuré jusque-là sans autre dénomination, fut remplacé par la syllabe *si*. Ce changement
est dû, dit-on, à un Flamand du nom de Van der Putten ;
d'autres l'attribuent à un nommé Lemaire.

Ce progrès donna naissance à une nouvelle échelle de
sept notes, et, par suite, à l'*octave*, ainsi que nous allons
le voir. Afin de nous faire mieux comprendre, nous figu-
rerons ici la gamme après l'invention du *si :*

ut   ré   mi   fa   sol   la   si

Pour continuer la série des notes en montant l'échelle
des sons, on imagina de reproduire les mêmes notes. Cette
reproduction n'était nullement arbitraire, comme on le

verra bientôt. Conséquemment, la note *ul* se retrouvera après le *si*, et c'est de la première rencontre de ces deux notes qu'est née l'*octave* de la musique moderne (du latin *octavus*, huitième).

On superposa ensuite octave sur octave, c'est-à-dire que l'on continua de monter l'échelle des sons en utilisant les mêmes noms de notes. Nous ferons remarquer ici en passant que l'oreille ne peut percevoir le son que dans un espace de huit octaves et demie.

CHAPITRE XIV

DU DIÈSE, DU BÉMOL, ET DU BÉCARRE

Quand le *si* vint prendre la place du *B*, celui-ci pourtant ne disparut pas complétement; il fut conservé pour exprimer le demi-ton entre le *la* et le *si*. Alors, en changeant de fonctions, sa figure fut modifiée, altérée; et c'est sous la forme d'un *b* arrondi qu'il poursuivit sa route et arriva ainsi jusqu'à nous. Toutefois, chemin faisant, son pouvoir prit de l'étendue; au lieu de se borner à modifier exclusivement la note *si*, il fut chargé d'opérer cette modification sur toutes les autres notes.

Mais quand, après avoir baissé le *si* par le bémol, on voulut le faire revenir au son primitif, on conserva le carré qui prit la figure de cette lettre en écriture gothique, et auquel on ajouta un trait vertical à droite, sans doute pour ne pas le confondre avec le *b mol*. De là est venu le caractère musical appelé *bécarre*, ainsi figuré ♮, lequel a la propriété conventionnelle de faire rentrer dans le ton primitif une note modifiée soit par un bémol, soit par un dièse.

On n'est pas d'accord sur l'époque de l'apparition du signe appelé *dièse* (du grec *diesis*, division), signe dont la propriété est diamétralement opposée à celle du bémol. Il est parlé de ce caractère musical par Jean de Murris, en 1300 ; toutefois, il est probable qu'il n'est venu qu'après le bémol.

Ainsi donc, pour augmenter ou pour diminuer l'intervalle qui sépare deux sons, on emploie trois sortes de signes :

Le *Dièse* ♯,   qui hausse la note d'un demi-ton[1].

Le *Bémol* ♭,   qui baisse la note d'un demi-ton.

Le *Bécarre* ♮,   qui, dans tous les cas, rétablit la note dans son ton primitif.

Il existe deux sortes de chacun de ces signes : les uns sont *constitutifs*, les autres sont *accidentels*.

Les dièses et les bémols constitutifs sont ceux qui ser-

---

1. On a dit que le son ne se *hausse pas* ni ne se *baisse pas*, qu'il est *un*, et que dès qu'il y a modification, il se produit alors un autre son, plus aigu ou plus grave. En apparence, rien n'est plus vrai. Mais n'y aurait-il pas ici à s'entendre sur les mots ? Ne sont-ce pas là des expressions consacrées auxquelles personne n'attache un sens absolu ? Comment exprimer l'action d'un joueur de cor, lequel, au moyen d'un mouvement des lèvres ou de la main, parvient graduellement et insensiblement à modifier le son de façon à le rendre beaucoup plus haut ou beaucoup plus bas ? Devra-t-on imaginer une succession infinie de sons entre celui sur lequel le musicien opère, et le son modifié obtenu par cet artifice ? Que fait le son produit par une corde tendue sur laquelle le doigt appuie et glisse imperceptiblement ? Pour que les expressions *hausser* et *baisser* fussent tout à fait impropres, il faudrait, ce nous semble, que les sons s'obtinssent par saccades ? Aussi, nous servirons-nous de ces deux mots, comme étant les plus propres à rendre l'idée du musicien et les plus faciles à comprendre.

vent à constituer la tonalité ; nous définirons plus loin ce que c'est que la tonalité. L'action des dièses et des bémols s'exerce sur toutes les notes du même degré d'un morceau ; cependant, cette action peut être suspendue plus ou moins fréquemment par la présence accidentelle d'un bécarre.

Ces signes se placent à côté et à droite de la clé ; c'est là, nous le verrons, ce qu'on appelle l'*armure* de la clé.

Les dièses, les bémols et les bécarres accidentels, ainsi nommés parce qu'ils n'apparaissent qu'accidentellement, influent toujours sur les notes du même degré, mais avec cette différence que leur action cesse après la mesure où ils se trouvent. Dans ce cas ils se placent avant et à côté de la note.

Il existe aussi un *double-dièse*, qui se figure de diverses manières ; voici les plus usitées :

On s'en sert pour hausser d'un second demi-ton une note déjà diésée, et même pour hausser de deux demi-tons une note qui n'est affectée d'aucun signe.

Pour obtenir l'effet opposé, on emploie également le *double-bémol*, qui se figure ainsi :

Dans ce cas il baisse d'un demi-ton la note déjà bémolisée, ou de deux demi-tons la note naturelle.

Le bécarre, ainsi que nous venons de le dire, a la propriété de rétablir la note dans son ton primitif.

Il est accidentel quand on ne l'emploie que pour faire

cesser pendant une seule mesure l'effet des signes mis à l'armure.

Il est constitutif alors que, dans le cours du morceau, il change tout à fait la tonalité; dans ce cas seulement, il se met à la clé, et remplace les signes dont il fait cesser l'effet.

De ce que nous venons de dire, il résulte qu'au début d'un morceau, jamais le bécarre n'apparaît à l'armure.

Il y a des personnes qui n'emploient pas le *double-bécarre;* un seul leur suffit pour remettre dans son ton primitif une note doublement accidentée. Peut-être a-t-on voulu ainsi simplifier l'écriture musicale; toutefois, l'emploi du double-bécarre semble plus rationnel; car si l'on ne veut enlever qu'un seul demi-ton à une note doublement accidentée, il faut bien, dans ce cas, n'employer qu'un seul bécarre. Établir une règle sur ce point est sans importance, du reste, parce que le double-dièse et le double-bémol ne sont que rarement employés.

CHAPITRE XV

DU COMMA

Nous avons vu qu'il y a des intervalles plus ou moins grands, et que leur étendue est déterminée par la distance plus ou moins grande qui sépare les sons entre eux.

Cependant ces distances ne peuvent décroître au delà d'une certaine limite, et cette limite, c'est l'oreille humaine qui s'est chargée de la déterminer; n'appréciant plus d'intervalle au delà d'un point donné, elle a été contrainte de ne pas le dépasser : ce degré extrême de la décroissance ou de la division des intervalles s'appelle *comma.*

Les deux extrémités de cet intervalle sont si rapprochées, que l'oreille les confond presque en un seul et même son, et parfois même les accepte l'un pour l'autre.

La science *acoustique* a déterminé d'une manière fixe le rapport des sons entre eux, et elle a prouvé physiquement que neuf commas forment l'intervalle qui, dans la musique moderne, est considéré comme l'unité, et qu'on appelle *ton.*

Nous n'entrerons pas ici dans le détail d'expériences scientifiques. Il suffira, quant à présent, pour la démonstration des principes, d'accepter les résultats acquis.

Le ton se composant de neuf commas, il semble naturel que le demi-ton soit formé de la moitié du ton, c'est-à-dire de quatre commas et demi. La musique spéculative l'admet ainsi, et donne à cette moitié du comma le nom de *schisma.*

Mais, ainsi que nous venons de le dire, la voix se refuse à la division du comma, et partage le ton en deux parties inégales, l'une de cinq commas, l'autre de quatre.

Cette indivisibilité du comma n'est donc ni abitraire, ni conventionnelle. Dieu, en créant la voix humaine dans certaines conditions, a voulu qu'il en soit ainsi; et comme conséquence logique de cette volonté, l'oreille elle-même est choquée si l'on veut violer cette loi naturelle.

La division du ton ne peut donc être faite que par deux demi-tons inégaux, l'un de cinq commas, l'autre de quatre.

Les demi-tons accidentels s'appellent *chromatiques,* du

mot grec *chromos*, qui signifie *couleur*. L'emploi de ce demi-ton donne à la musique un caractère plus varié, plus coloré.

Les deux demi-tons de la gamme naturelle s'appellent *diatoniques* (*dia*, par, *tonos*, ton.) D'après des expériences modernes, ces derniers demi-tons n'auraient que *quatre commas*, tandis que les chromatiques en ont toujours cinq.

La différence entre le demi-ton chromatique et le demi-ton diatonique n'est pas facile à apprécier, aussi arrive-t-il à l'oreille de les confondre.

Il est très-important de bien se pénétrer de la constitution du ton et du demi-ton ; car la connaissance des intervalles qui divisent le ton facilitera l'étude des questions qui seront traitées plus loin.

CHAPITRE XVI

DE LA GAMME MODÈLE

Le système par octave ayant prévalu, il a servi de base à notre musique moderne. On va voir, comme nous l'avons dit, que cette gamme est imposée par l'ordre naturel des tons : la science acoustique a prouvé aussi que ce n'est pas le résultat d'une combinaison arbitraire de sons, mais celui d'un phénomène physique que nous allons essayer de démontrer.

Il est en physique un principe qui admet qu'un son n'est jamais entendu seul, et qu'il est naturellement, indispensablement accompagné d'autres sons, moins perceptibles il est vrai, mais assez distincts cependant pour que l'oreille les apprécie, et puisse même mesurer l'intervalle qui les sépare du son principal.

Ces sons s'appellent *harmoniques* [1]. Le son principal, qui les engendre, prend le nom de *générateur*.

Pour donner à notre démonstration toute la clarté désirable, nous entrerons ici dans quelques développements sur le classement des notes de la gamme qui nous occupe.

Nous avons vu que le système par octave est né de l'introduction du *si*, et que dès lors la gamme fut composée ainsi :

ut   *ré*   *mi*   *fa*   *sol*   *la*   *si*   *ut*

Voici le nom que prit chacune des notes :

La	1re	Tonique.
	2^{e}	Seconde.
	3^{e}	Tierce.
	4^{e}	Quarte.
	5^{e}	Quinte.
	6^{e}	Sixte.
	7^{e}	Septième.
	8^{e}	Octave (répétition de la tonique).

Chacune de ces dénominations détermine, dans la gamme naturelle, le nombre de positions diatoniques.

Si l'on veut compter les positions diatoniques de cette gamme, la tonique doit toujours être comprise dans ce nombre, dont elle est la première unité.

---

1. En mathématiques, ces sons se nomment les aliquotes du générateur.

Ainsi, la *seconde* a deux positions diatoniques, la *tierce* en a trois, et ainsi de suite jusqu'à l'*octave*.

Il faut donc bien se pénétrer que, quelle que soit la note qui sert de point de départ, cette note devient toujours la première unité du nombre à trouver. De telle sorte que, si l'on veut avoir la *quarte* à partir de la *seconde*, on reconnaîtra qu'il y a quatre positions diatoniques, et que la cinquième note donnera la quatrième position diatonique.

Cette manière d'opérer doit être observée dans tous les cas.

C'est ici l'occasion de rappeler ce que nous avons dit plus haut de la *gamme* ou *échelle diatonique*, et de faire remarquer que chacune des positions diatoniques occupe un degré de cette échelle; en conséquence, un degré de l'échelle ou une position diatonique sont deux choses parfaitement synonymes. La figure ci-dessous complétera notre démonstration :

Échelle diatonique.

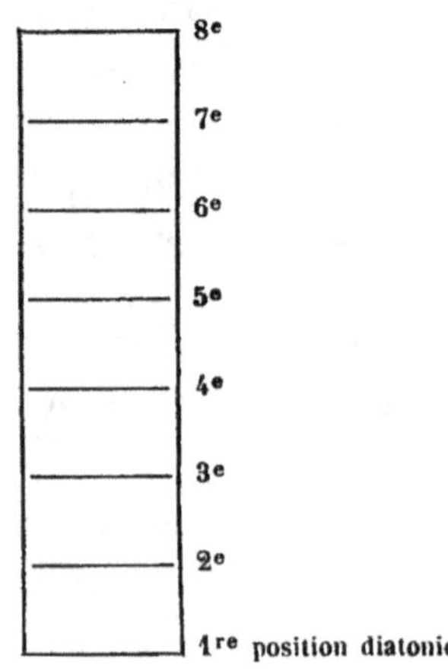

Après avoir énuméré les huit premiers degrés de la gamme, si l'on continue la marche ascendante, la note qui vient après l'octave n'est que la répétition de la seconde à l'aigu, et s'appelle *neuvième;* la suivante, qui reproduit la tierce, s'appelle *dixième*, et ainsi de suite, jusqu'à la *dix-septième*.

Nous ne prolongerons pas cette énumération, parce qu'à la dix-septième nous sommes arrivés à l'intervalle le plus grand qui soit nécessaire à notre démonstration.

Nous avons déjà dit qu'un son quelconque n'est jamais entendu seul, et qu'il est toujours accompagné de sons harmoniques moins perceptibles que le son principal ou générateur.

On pourra facilement se rendre compte de ce phénomène physique à l'aide d'un instrument à corde, et plus facilement encore avec le piano, en opérant de la manière suivante :

1° Frapper une touche grave très-perceptible à l'oreille, par exemple la note *ut* de la seconde octave [1];

2° Placer et conserver le pied sur la pédale, qui laisse toute liberté aux vibrations des cordes.

3° Appliquer l'oreille sur la caisse de l'instrument.

Si cette opération est faite avec exactitude, on entendra parfaitement que, avec le générateur, il se produit une multitude de sons harmoniques.

Tous ces sons perdent de leur intensité en s'éloignant de ce générateur ; mais, parmi eux, il en est trois qui

---

1. Nous prenons la note *ut*, parce qu'elle est la première qui se présente dans l'hymne à saint Jean-Baptiste, et que cette note est devenue et est restée la tonique de la gamme modèle.

dominent tous les autres, et que l'oreille perçoit plus distinctement. Les voici :

1° L'octave supérieure
2° La douzième   } du générateur *ut*.
3° La dix-septième

Essayons de figurer, pour l'œil, l'accord de ces sons :

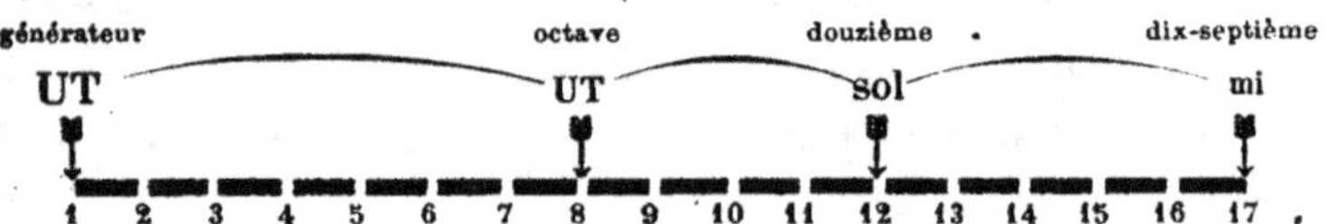

Nous avons reconnu déjà que l'octave d'un son n'est autre que la répétition de ce son, soit au grave, soit à l'aigu ; si donc nous abandonnons le générateur pour ne conserver que l'octave, nous trouverons quel est le rapport de ces trois sons harmoniques entre eux :

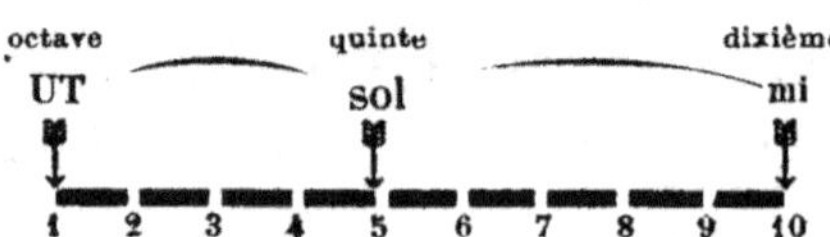

Par cette opération, l'octave du générateur étant prise ici pour *tonique,* le *sol* devient la quinte, et le *mi* devient la *dixième.*

On a donc ainsi un accord naturel qui satisfait complétement l'oreille.

Mais si, procédant toujours du même principe, on

veut avoir un accord plus compacte, il suffit de porter cette dixième *mi* une octave au-dessous, ce qui donnera :

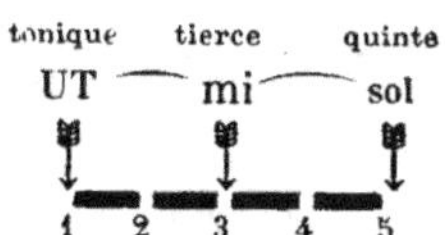

On obtient donc ainsi un accord composé de *tonique, tierce, quinte.*

Comme on le voit, c'est la nature elle-même qui nous a donné cet accord ; et c'est à la réunion de ces sons, résultat du phénomène que nous avons démontré, que nous devons l'*accord parfait*.

La tierce *mi* est à distance de deux tons de la tonique *ut*.

La quinte *sol* est à distance de trois tons et un demi-ton de cette même tonique ; elle s'appelle *quinte juste* ou *quinte parfaite*, également à cause de son origine.

L'accord parfait s'appelle aussi accord parfait *majeur*, par opposition à l'accord parfait *mineur* dont nous parlerons plus loin.

Majeur veut dire plus grand ; *mineur* signifie plus petit.

Il résulte donc de tout ce qui vient d'être dit sur la théorie des sons harmoniques, que tout *son* produit un accord parfait majeur.

Avant d'arriver à la conséquence que l'on doit tirer de ce principe, et à ce que nous avons à dire sur l'origine de la gamme d'*ut*, indiquons d'abord la manière de placer les notes sur la portée, avec la clé de sol.

Quand nous serons arrivés à l'origine des clés, nous ferons voir que cette position des notes sur la portée avec la clé de sol, n'est pas une combinaison arbitraire, et qu'il en est de même pour les autres clés.

Voici, également avec la clé de sol, l'accord parfait majeur trouvé sur la note *ut* :

Écrit de la sorte, les notes sont entendues successivement, et produisent un accord *brisé* ou *mélodique*.

Il s'écrit aussi de cette manière :

Dans ce cas, l'accord s'appelle *plaqué* ou *harmonique*, parce que les notes sont entendues simultanément.

Disons, en passant, que la note la plus grave d'un accord quelconque lui donne toujours son nom. Ainsi, l'accord fait sur *ut* est l'accord *de tonique*, quand cette note est prise pour tonique. Celui qu'on fait sur *sol* s'appelle accord de *quinte*, quand le *sol* est pris comme quinte d'*ut*.

Revenant au principe que tout *son* produit son accord parfait majeur, il faut remarquer que dans l'accord :

ut   mi   sol

la quinte *sol*, quoique, pour l'œil, plus éloignée de la tonique que la tierce *mi*, est cependant, par la relation des sons, plus rapprochée d'elle que cette dernière, parce que, ainsi qu'on l'a vu dans l'accord harmonique, *sol* est plus apparent, plus perceptible que *mi*, puisque nous avons trouvé *sol* à la douzième, tandis que *mi* ne se présente qu'à la dix-septième.

Supposons maintenant qu'après avoir fait l'accord :

ut   mi   sol

on fasse entendre immédiatement l'accord parfait majeur de la note qui suit, accord obtenu par la résonnance de la tierce *mi* :

mi   sol ♯ *si*

alors on reconnaîtra que, sans être choquée cependant de cette succession, l'oreille n'est pas complétement satisfaite, et qu'elle semble désirer une liaison entre ces deux accords [1]. Mais si, au lieu de la succession :

ut   mi   sol
mi   sol ♯ *si*

---

[1]. La liaison des accords suivants fera pressentir les lois de l'harmonie.

ut   mi   sol
mi   la   ut
mi   sol ♯ *si*

L'intermédiaire entre les accords *ut mi sol* et *mi sol* ♯ *si*, n'est autre que l'accord *mi la ut*.

on fait entendre :

ut   mi   sol
sol   si   ré

c'est-à-dire l'accord de la tonique et celui de la quinte,
alors, au contraire, on obtient une suite d'accords tout
à fait satisfaisante.

De cette résistance de l'oreille à entendre successivement les accords :

ut   mi   sol
mi   sol ♯   si

il résulte donc qu'il y a nécessité absolue de passer à
ceux qu'elle permet immédiatement après, c'est-à-dire :

ut   mi   sol
sol   si   ré

Voici ce dernier accord écrit sur la portée :

Ceci démontré, on reconnaît aussitôt que la même relation existe entre la tonique *ut* et sa quinte inférieure *fa*.

Par cette raison, nous aurons donc l'accord parfait
majeur :

Voici ces trois accords sur la même portée :

En classant ces notes dans leur ordre diatonique, nous obtenons :

ut   ré   mi   fa   sol   la   si   ut [1]

On voit que, naturellement, nous sommes arrivés à trouver la gamme diatonique.

Si l'on observe la structure de cette gamme, on reconnaît qu'elle se compose de cinq tons et deux demi-tons. Le premier demi-ton se présente entre la troisième et la quatrième note, et le second entre la septième et la huitième.

Voici cette gamme sur la portée, avec la clé de sol.

Si nous cherchons maintenant à nous rendre compte

1. Quand les sons se produisent dans l'ordre naturel ou régulier de l'échelle ascendante ou descendante, c'est-à-dire de degré à degré, on dit qu'ils marchent par *degrés conjoints;* quand au contraire ils apparaissent à des intervalles plus grands, comme du premier au troisième degré, ou du troisième au cinquième, ils marchent alors par *degrés disjoints.*

Tous les degrés conjoints ne sont pas toujours entre eux à des distances égales, puisque nous avons vu le demi-ton n'occuper que la moitié environ de l'espace du ton. Le ton, qui offre donc le plus d'étendue, s'appelle *seconde majeure;* et le demi-ton *seconde mineure.*

du rang occupé dans la gamme par les trois notes génératrices

fa   *ut*   *sol*

nous trouvons :

La tonique *ut*.
La quarte *fa*.
La quinte *sol*.

Nous voyons que *fa*, quinte inférieure d'*ut*, est portée à l'octave au-dessus, et qu'alors elle devient la quarte supérieure d'*ut* [1].

On conclut de ce qui précède, que toute gamme majeure est le produit obligé des trois accords parfaits des notes *tonique*, *quarte*, *quinte*; à moins que l'on ne préfère dire que toute gamme majeure est le produit des trois accords parfaits des notes *tonique*, *quinte inférieure*, *quinte supérieure*.

Notre gamme existait probablement dans l'esprit de Gui d'Arezzo, car on la pressent dans son système. Privé alors du secours de la science physique, mais, obéissant au sentiment musical dont il était animé, il avait placé instinctivement, dans son hexacorde, un demi-ton du troisième au quatrième degré.

Or, la gamme que nous venons de trouver à l'aide des accords harmoniques, présente cette particularité, que le demi-ton arrive également entre la troisième et la quatrième note [2].

Ce rapport entre notre gamme et cet hexacorde est

---

1. Voir au Chapitre XXI.

2. Il est à remarquer que l'oreille n'admet pas, sans être choquée, qu'on lui fasse entendre trois tons successifs, comme *fa sol la si*.

une des raisons qui, avec justice, ont fait considérer Gui d'Arezzo comme le père du système musical moderne.

Depuis ce moment, la gamme physique ou harmonique, ou gamme naturelle, que nous venons de décrire, a pris le nom de *gamme modèle;* c'est elle qui nous servira à former toutes les autres.

CHAPITRE XVII

DE LA FORMATION DES GAMMES

Il est facile de voir que la gamme modèle se compose de deux parties tout à fait semblables, comme rapport des tons avec les demi-tons. Reproduisons la gamme pour reconnaître l'exactitude de notre remarque :

1 ton	1 ton	1/2 ton	1 ton	1 ton	1 ton	1/2 ton
ut	*ré*	*mi fa*		*sol*	*la*	*si ut*

Chacune de ces parties forme un tétracorde.

Arrivés à la formation des gammes majeures, nous rappellerons ici cette règle générale que toutes ces gammes sont formées de cinq tons et deux demi-tons; que le premier demi-ton arrive invariablement après la tierce, et le second de la septième à l'octave.

Or, chaque note de la gamme modèle peut, à volonté, être prise comme *tonique* ou *première* d'une gamme, puisqu'un son quelconque peut produire, dans sa résonnance, sa tierce et sa quinte, c'est-à-dire son accord parfait, ou les éléments de la gamme.

Ces principes admis, cherchons à établir une gamme majeure en prenant pour tonique la note que nous trouvons immédiatement après *ut*, c'est-à-dire *ré*, et figurons le résultat :

$$\text{ré} \quad \text{mi} \ \text{fa} \quad \text{sol} \quad \text{la} \quad \text{si} \ \text{ut} \quad \text{ré}$$

On voit que cette gamme ne remplit pas les conditions exigées, puisque le premier demi-ton se présente de la seconde à la tierce, et le second de la sixte à la septième.

Si nous prenons le *mi* pour tonique, nous serons arrêtés sur-le-champ, puisque le premier demi-ton se présente immédiatement après cette tonique.

En prenant le *fa*, nous voyons le premier tétracorde sans demi-ton.

Mais arrivés au *sol*, la difficulté disparaît en partie, et nous obtenons :

$$\text{sol} \quad \text{la} \quad \text{si} \ \text{ut} \quad \text{ré} \quad \text{mi} \ \text{fa} \quad \text{sol}$$

On reconnaît ici que le premier tétracorde est régulier.

Si nous continuons la recherche en prenant *la* ou *si* pour tonique, nous rencontrons avec ces notes le même empêchement qui s'est présenté avec *ré*, *mi*, *fa*.

Toutes ces tentatives auraient pour résultat de ne produire que des gammes fausses.

De cette opération, il résulte donc que *sol* est la seule note de la gamme modèle qui permette de commencer une autre gamme.

Mais le second tétracorde :

ré   mi fa   sol

est irrégulier, puisque le demi-ton se trouve entre *mi* et *fa*, au lieu d'être entre *fa* et *sol*.

C'est cette irrégularité qu'il faut faire disparaître, et c'est ici que, pour la première fois, le dièse va venir à notre aide. Or, nous savons déjà que ce signe a la propriété de hausser la note d'un demi-ton.

Servons-nous donc de cet utile auxiliaire, ajoutons-le au *fa*, qui sera élevé ainsi d'un demi-ton, et alors nous régularisons ce tétracorde :

ré   mi   fa ♯ *sol*

qui, à son tour, régularisera aussi notre gamme de sol, laquelle deviendra conforme à la gamme modèle :

1   1   1/2   1   1   1   1/2

sol   la   si ut   ré   mi   fa ♯ *sol*

Voici cette gamme écrite sur la portée :

Si nous résumons les moyens employés pour trouver une gamme régulière après la gamme modèle, nous reconnaissons que nous avons tenté vainement de prendre pour tonique *ré*, *mi*, *fa*, *la*, *si*; l'impossibilité de nous servir de ces notes nous a démontré que le *sol*, quinte supérieure de la tonique *ut*, est la seule note avec laquelle il soit possible de recommencer une gamme. C'est de cette nécessité absolue que nous voyons apparaître le premier dièse sur la note *fa*.

Il est essentiel de faire remarquer que tous les *fa* qui se rencontrent dans cette gamme de *sol*, quelle que soit l'octave à laquelle ils appartiennent, devront être diésés. Mais, pour éviter de répéter ce signe aussi fréquemment, et pour simplifier l'écriture musicale, on a imaginé de le placer une fois pour toutes au commencement de la portée, et immédiatement après la clé, sur la ligne où se trouve la note diésée. Exemple :

Ainsi, quand on apercevra un dièse à la clé sur la ligne du *fa*, on ne devra pas oublier que ce dièse agit, nous le répétons, sur tous les *fa* qui se trouvent dans le morceau.

Le dièse sur la ligne de *fa* indique donc qu'on est dans le ton[1] de *sol*, ou *en sol*, ce qui veut dire que la

---

[1]. Le mot *ton*, nous l'avons dit, a plusieurs significations :
Il s'emploie pour désigner l'intervalle compris entre deux notes qui

musique a été composée dans cette tonalité, ou qu'elle a été écrite avec les notes de la gamme de *sol*.

Tous les autres signes, de même que le dièse, peuvent se reporter aussi à la clé. Cette opération, qui consiste à grouper près de la clé les signes accidentels, s'appelle *armer la clé*. L'ensemble de tous ces signes s'appelle *armure de la clé*.

On a dû reconnaître que le premier tétracorde de la gamme de *sol* n'est autre que le deuxième tétracorde de la gamme modèle, puisque celle-ci nous l'a fourni complet et régulier.

C'est ici l'occasion d'établir comme règle générale, que toute gamme majeure se compose toujours de deux tétracordes parfaitement semblables, et que ces tétracordes sont invariablement séparés par l'intervalle d'un *ton*.

L'expérience que nous venons de faire avec la gamme d'*ut* peut être reproduite avec celle de *sol*. Prenons donc le second tétracorde de cette gamme de *sol* pour

se suivent dans l'ordre régulier de l'échelle ascendante ou descendante.

Il est usité pour désigner la gamme adoptée pour la composition d'un air, d'un morceau, laquelle prend son nom de la première note de cette gamme : ton de *ré*, ton de *la*, etc.

Il signifie aussi le *mode*, c'est-à-dire le caractère particulier de la gamme, comme nous le verrons plus loin.

Enfin il sert pour exprimer le *son*; on dit d'une voix qu'elle a des *tons* graves, pour des sons graves.

Il est on ne peut plus regrettable que l'habitude ait consacré au mot *ton* toutes ces acceptions. Nous ne lui en conserverons que deux, c'est-à-dire que nous ne nous en servirons que pour désigner : 1° La *seconde majeure*; 2° l'intonation ou le point de départ d'une gamme quelconque.

Quand il s'agit du mode, on doit dire : *ton de ré, mode majeur*, ou *ton de ré, mode mineur*.

former le premier de la gamme suivante, ou gamme de *ré* :

ré   mi   fa ♯ *sol*

et complétons avec les quatre notes suivantes de la série

la   si   ut   ré

en plaçant, comme la première fois, le dièse entre la septième et l'octave; alors nous voyons apparaître la gamme
de *ré*, pourvue de deux dièses, un à chaque tétracorde :

Cette gamme de *ré* se reconnaîtra donc par la présence
de deux dièses à l'armure. Exemple :

Pour trouver successivement les autres gammes, il
faut procéder comme nous venons de faire, c'est-à-dire,
prendre toujours pour premier tétracorde le dernier de
celle qui vient d'être établie. Ceci nous prouve que la
formation des gammes de quinte en quinte en montant
est obligée, puisqu'il a été impossible d'arriver à cette
formation par l'emploi de la *seconde*, de la *tierce*, de la
quarte, de la *sixte*, et de la *septième*. La *quinte* seule
restait donc; et c'est là, il est superflu de le dire, ce
qui explique pourquoi après la gamme d'*ut*, il ne peut
se présenter d'autre gamme que celle de *sol*.

Il résulte de ce fait que la quinte d'une gamme majeure devient forcément la tonique de la gamme qui la suit naturellement.

Après la gamme de *ré*, arrive la gamme de *la*, sa quinte supérieure ; et, si l'on continue de quinte en quinte en montant, on trouvera les gammes de *mi*, *si*, *fa* ♯, *ut* ♯.

Voici ces gammes, avec l'exemple de l'*armure* qui est propre à chacune d'elles :

Gamme de *la* avec trois dièses.

Gamme de *mi* avec quatre dièses.

Gamme de *si* avec cinq dièses.

Gamme de *fa* ♯ avec six dièses.

Gamme d'*ut* ♯ avec sept dièses.

Si nous continuons la formàtion de ces gammes en montant, et en nous servant du double-dièse, nous trouverons à la clé :

8 dièses pour la gamme de *sol* ♯
9 » *ré* ♯
10 » *la* ♯
11 » *mi* ♯
12 » *si* ♯

Rappelons ici que la gamme diatonique est composée de cinq tons et de deux demi-tons. Ces cinq tons se divisent en dix demi-tons, qui, joints aux deux demi-tons diatoniques, donnent douze sons chromatiques pour la gamme modèle. Or, ces douze sons ont servi chacun de tonique aux douze gammes que nous venons de former.

Et si l'on réunit, par degré d'acuité, tous ces demi-tons, en partant de la note *ut*, on obtient l'échelle suivante, qui n'est autre que la gamme chromatique :

Maintenant que la gamme chromatique est trouvée,

on peut dire que cette gamme en la descendant et en la montant, ou autrement ces douze sons, représentent les éléments complets de la composition musicale ; de même que les sept couleurs primitives forment la palette du peintre, ces tons sont la seule richesse, la seule ressource du compositeur. C'est aux combinaisons variées à l'infini de ces simples éléments, que nous devons les nombreux et admirables chefs-d'œuvre de la musique. L'art, créateur humain, imite quelquefois le créateur céleste ; il ne mesure pas la magnificence du résultat à la pauvreté des moyens, et semble à son tour tirer l'univers du néant.

Revenons un moment à la formation des gammes, et insistons sur la naissance du premier dièse apparu forcément sur la note *fa*. Nous avons rencontré les toniques de quinte en quinte en montant, et les dièses, par conséquent, se sont produits aux mêmes distances. On a donc obtenu la progression suivante :

fa   ut   sol   ré   la   mi   si

C'est cette progression, obtenue d'une manière toute rationnelle, qu'il est important de ne pas perdre de vue ; c'est ce résultat qu'il faut graver profondément dans son esprit, parce que c'est par lui qu'on reconnaîtra avec promptitude le ton indiqué à l'armure.

Faisons une remarque essentielle : lorsqu'un dièse apparaît, c'est invariablement sur la septième note de la gamme que l'on forme avec ce dièse ; or, d'après ce que nous avons démontré, il résulte que la note qui vient immédiatement après ce dièse, est celle qui donne le ton. Ainsi le *fa* ♯ constitue le ton de *sol;* — *fa* ♯, *ut* ♯, donnent le ton de *ré;* — *fa* ♯, *ut* ♯, *sol* ♯, donnent le ton de *la*, et ainsi de suite.

Quand il n'existe qu'un dièse à l'armure, on est certain que c'est toujours *fa*.

Lorsqu'il y en a deux, c'est *fa*, *ut*.

Quand il y en a trois, c'est *fa*, *ut*, *sol*.

Et ainsi de suite jusqu'aux sept dièses de la gamme d'*ut* ♯.

Quand le second dièse *ut* apparaît, il accompagne celui qui l'a précédé, c'est-à-dire le *fa;* quand le troisième se présente, il demeure avec les deux premiers; et il en est de même pour tous ceux qui viennent ensuite. L'arrivée d'un nouveau dièse ne fait disparaître aucun de ceux qui l'ont précédé; il vient toujours augmenter leur nombre.

En formant les gammes avec le secours des dièses, nous nous sommes arrêtés à la gamme de *si* ♯, qui nous a présenté douze dièses à l'armure. Si l'on continuait la formation ascendante de ces gammes, on arriverait ainsi à un nombre considérable de dièses à la clé, qui rendraient la lecture impossible.

Pour simplifier l'écriture musicale, nous avons vu déjà les signes accidentels abandonner leur place sur la portée, et venir se grouper près de la clé; le même motif a fait limiter à sept dièses le nombre que l'armure doit recevoir; voyons quel moyen a été employé pour remplacer les autres dièses. Après nous être occupés de toutes les gammes ascendantes, nous allons aborder les gammes descendantes.

Revenons donc à la gamme modèle, et figurons-la de nouveau :

$$ut \quad ré \quad mi \; fa \quad sol \quad la \quad si \; ut$$

Les deux tétracordes, qui la composent, étant identiques, il est évident qu'une gamme *descendante* peut être commencée à partir de *fa*, puisque le demi-ton se trouve entre *fa* (octave) et *mi* (septième).

Par opposition à la gamme ascendante, qui se lit et s'exécute sur le piano de gauche à droite, la gamme descendante se lira de droite à gauche. Exemple :

$$fa \quad sol \quad la \quad si \quad ut \quad ré \quad mi \; fa$$

Mais si le second tétracorde est régulier, le premier ne l'est pas encore, et pour qu'il le devienne, il est nécessaire d'avoir un demi-ton de la tierce à la quarte, c'est-à-dire entre *si* et *la*. Pour obtenir ce résultat, il peut sembler naturel de placer un dièse sur le *la ;* on croit tout d'abord lever ainsi la difficulté. Mais si nous procédons ainsi, nous obtenons :

$$fa \quad sol \quad la\sharp \quad si \quad ut \quad ré \quad mi \; fa$$

Or cette combinaison présente la gamme la plus fausse que l'on puisse entendre, puisque, de la quarte *si* à la quinte *ut*, il se trouve un demi-ton, et qu'entre la seconde *sol* et la tierce *la*♯ il existe un ton et demi.

On reconnaît donc que l'emploi de ce moyen est complétement impossible, et c'est ici que, à l'exemple du dièse, le *bémol* va nous prêter son secours.

Servons-nous donc de ce nouvel auxiliaire, et plaçons-le sur la note *si*, qu'il a la propriété de baisser d'un demi-ton.

Et aussi sur la portée :

Nous reconnaîtrons :

1° Qu'il rétablit le ton qui doit exister entre la sixte et la quinte;

2° Qu'il enlève un demi-ton entre la quarte et la tierce, pour n'y laisser que le demi-ton exigé.

En conséquence, il a donc pour effet de rendre à cette gamme la contexture régulière de toute gamme majeure.

La fonction du *bémol* étant bien déterminée, voyons maintenant de quelle manière il faut procéder pour former les gammes *descendantes*.

Nous avons vu les gammes ascendantes se former de quinte en quinte : il en sera de même pour les gammes descendantes.

Il résulte donc que si nous prenons la gamme de *fa* avec

un bémol sur le *si*, elle nous servira à former la gamme descendante de sa quinte inférieure *si* bémol :

qui s'écrit ainsi sur la portée :

Dans cette gamme, nous voyons apparaître le deuxième bémol sur le *mi*, et nous avons un demi-ton de la tierce à la quarte.

Si l'on continue de la même manière, en s'emparant toujours du tétracorde qui commence par la quinte inférieure de la dernière gamme formée, on trouvera successivement les gammes suivantes :

Gamme de *mi* bémol avec 3 bémols : *si mi la.*

Gamme de *la* bémol avec 4 bémols : *si mi la ré.*

Gamme de *ré* bémol avec 5 bémols : *si mi la ré sol.*

Gamme de *sol* bémol avec 6 bémols : *si mi la ré sol ut.*

Gamme d'*ut* bémol avec 7 bémols : *si mi la ré sol ut fa.*

Ici se termine la série des gammes par bémols usitées dans l'écriture musicale.

Si l'on veut chercher celles qui peuvent être formées avec des doubles-bémols à partir de la gamme d'*ut* bémol, on trouvera :

fa	♭	avec	8	bémols
si	♭♭		9	»
mi	♭♭		10	»
la	♭♭		11	»
ré	♭♭		12	»

Les gammes par bémols s'élèvent donc au chiffre onze.

Si l'on place les onze toniques de ces gammes dans l'ordre de succession descendante, en partant de la tonique modèle *ut*, on aura :

Telle est l'origine de la gamme chromatique descendante, qui s'écrit naturellement avec des bémols.

Nous ferons ici une remarque, c'est que le ton d'une armure bémolisée est indiqué par l'avant-dernier bémol, qui se présente toujours sur la tonique, tandis que le dernier bémol apparaît sur la quarte de cette gamme.

On a reconnu que la formation des gammes a lieu de quinte en quinte.

Les sons harmoniques apportent à notre démonstration une preuve plus évidente encore, car ils font voir que, après l'octave, l'intervalle de quinte juste est celui que l'oreille apprécie le mieux, à cause de son rapprochement du générateur. En effet, c'est au moyen de cet intervalle que la plupart des instruments sont accordés.

En nous occupant de la formation des gammes de quinte en quinte en montant, avec les dièses, nous avons trouvé onze gammes, non compris la gamme modèle.

Celles qu'on a obtenues par les bémols sont également au nombre de onze.

En y ajoutant la gamme modèle, qui nous a servi aux deux genres de formations, nous arrivons au total de vingt-trois gammes.

Toutefois ce nombre s'est réduit à quinze; et ces quinze gammes sont les seules usitées, ainsi qu'on le verra dans le chapitre suivant.

A partir du premier bémol donné par la gamme de *fa,* les quintes descendantes se présentent dans un ordre opposé à celui des quintes ascendantes; ainsi l'on trouve

si   mi   la   ré   sol   do   fa

parce qu'en formant les gammes par quintes descendantes à partir de *do*, on retrouve les mêmes degrés qui se sont présentés en montant.

L'élève devra se familiariser avec cette série de quintes descendantes, pour trouver rapidement les gammes exprimées par les armures bémolisées.

De tout ce qui précède, on peut tirer quelques conséquences intéressantes :

1° La gamme diatonique est un air dont le point de départ se trouve sur tous les sons de l'échelle musicale, mais dont les tons conservent entre eux des intervalles déterminés.

2° Il y a donc une infinité de toniques.

3° Une gamme diatonique étant produite par un instrument juste ou par la voix, on peut la prendre pour gamme modèle, et en faire le point de départ du système musical. Alors on remarque combien les résultats de la résonnance harmonique sont vrais, car chacun des sons de l'échelle chromatique, pris pour générateur, donnera toujours une gamme majeure dans les mêmes conditions que la gamme d'*ut*; et dans chacune de ces gammes il apparaîtra forcément des dièses ou des bémols.

4° La gamme modèle a pris la dénomination de *naturelle*, pour établir une distinction entre ses notes et celles appartenant aux gammes qui se forment après elle.

Sans doute, toutes les gammes sont naturelles, puisque leur origine commune se trouve dans la résonnance harmonique ; mais on a établi la distinction dont nous parlons pour éviter toute confusion dans la comparaison des échelles diatoniques.

La *gamme modèle*, le point de départ, est pour ainsi dire la ligne d'intersection entre la série des gammes par quintes supérieures, et la série des gammes par quintes inférieures [1].

CHAPITRE XVIII

DE L'ENHARMONIE

Enharmonie veut dire qui est dans la même harmonie, qui appartient à la même harmonie.

Nous savons déjà que deux sons très-rapprochés peuvent être confondus, admis l'un pour l'autre par l'oreille; nous savons également que cette confusion n'a lieu que lorsque la distance qui sépare ces deux sons ne dépasse pas l'intervalle appelé *comma* (neuvième partie du ton). Donc, si l'on émet deux sons dans ces conditions de distance, représentés, par exemple, par les points extrêmes d'un comma, alors ils sont dans la même harmonie, c'est-à-dire *enharmoniques*.

De cette substitution d'un son à un autre, on est arrivé naturellement à substituer toute une gamme à une autre gamme; et, de même que les deux *tons* sont enharmoniques, les deux gammes qui procèdent du même principe sont également enharmoniques entre elles [2].

1. Voir le Chapitre xix.
2. Les instruments qui offrent les notes toutes faites, tels que la harpe, l'orgue, le piano, etc., sont établis sur ce principe de l'enharmonie qui

On a donc profité de cette tolérance de l'oreille pour simplifier une fois encore l'écriture musicale, et l'on a substitué une gamme enharmonique à une autre, en lui préférant celle qui présentait le moins grand nombre de signes à l'armure.

Ainsi, par exemple, la gamme de *sol* dièse et la gamme de *la* bémol sont enharmoniques entre elles. La première présente huit dièses à l'armure, la seconde n'offre que quatre bémols; en conséquence, cette dernière a été préférée comme étant plus simple et plus facile à lire.

Par la figure ci-dessous, on comprendra sur-le-champ qu'entre *sol* dièse et *la* bémol il y a la différence d'un comma, et qu'en conséquence ces deux notes sont enharmoniques :

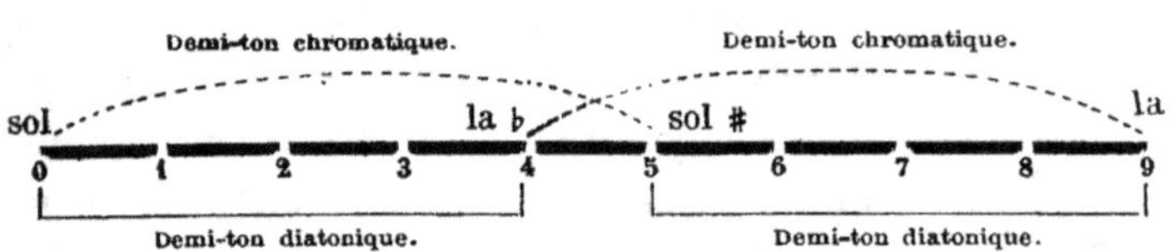

La ligne horizontale figurée ici représente l'étendue d'un ton, dont les deux points extrêmes sont *sol* et *la;*

tolère qu'on prenne un son pour un autre. Sur le piano, la touche qui produit *ut* ♯ est la même qui donne le *ré* ♭. Aussi cet instrument n'est-il pas d'une justesse rigoureuse ; et quand il s'agit de l'accorder, cette raison oblige à user d'une espèce d'artifice qu'on appelle *tempérament*, lequel consiste à modifier, à tempérer légèrement certains intervalles de la gamme, de manière à ne pas choquer l'oreille. Ce *mezzo termine* (terme moyen) est indispensable surtout quand, sur cet instrument, on veut passer d'une gamme diésée à une gamme bémolisée enharmonique, et réciproquement.

ce ton est divisé en neuf parties égales; chacune de ces parties représente un comma.

Si de la note *sol* à la note *la*, la voix veut monter, en exprimant la division du ton, c'est-à-dire le sol dièse, il est acquis par l'expérience qu'elle franchit d'abord les cinq premiers commas, et qu'elle fait le *sol* dièse; il ne reste donc alors que quatre commas pour arriver à la note *la*, qui est le but.

Notre démonstration s'est faite en montant du *sol* au *la*. Si nous voulons opérer én sens inverse, ou, autrement, descendre du *la* au *sol*, toujours en exprimant le demi-ton, nous reconnaîtrons que le même phénomène se produit, c'est-à-dire que la voix franchira cinq commas et fera *la* bémol.

On arrive ainsi à la preuve évidente de ce que nous disons plus haut, c'est que dans les deux cas ci-dessus, quoique l'oreille veuille bien accepter le *sol* dièse pour le *la* bémol, et réciproquement, il existe entre ces deux sons la distance d'un comma.

Notre démonstration servira en outre à prouver ce que nous avons eu l'occasion de dire à propos de la gamme chromatique.

La gamme chromatique ascendante s'écrit avec le dièse; la gamme chromatique descendante s'écrit avec le bémol. Or, il est facile de comprendre, par notre figure, la naissance de ce principe; et l'on ferait une faute d'orthographe musicale si, par exemple, pour exprimer : *ut*, plus *le demi-ton au-dessus*, et *ré*, on écrivait :

ut   ré ♭ *ré*

Il faut donc indispensablement écrire :

$$ut \quad ut\sharp \quad ré$$

On ferait également une faute si l'on écrivait :

$$ré \quad ut\sharp \quad ut\,[1]$$

Car il faut ·

$$ré \quad ré\flat \quad ut$$

Voici comment ces mêmes notes seront écrites sur la portée :

La conclusion est qu'une note *diésée* tend à monter, et se résout, se confond toujours sur la note supérieure ; tandis qu'une note *bémolisée* tend à descendre, et se résout toujours sur la note inférieure ; ou encore, que le dièse est le signe absolu de la progression ascendante, tandis que le bémol est celui de la progression descendante.

Maintenant, il est constant pour nous que l'oreille permet de substituer aux gammes dont les armures sont très-chargées de dièses ou de bémols, d'autres gammes qui n'en présentent qu'un nombre moins élevé.

Lorsque nous nous sommes occupé de la formation

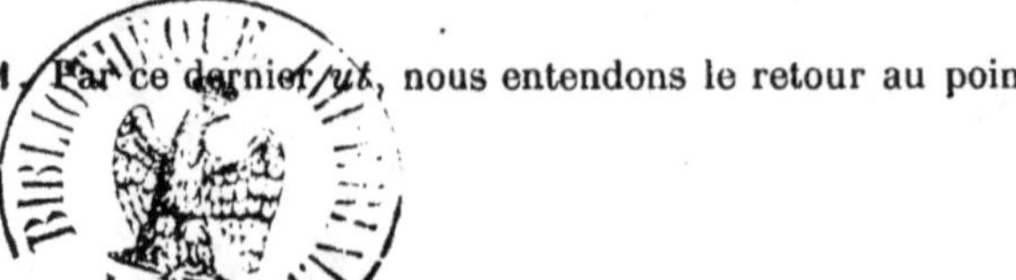

1. Par ce dernier *ut*, nous entendons le retour au point de départ.

des gammes, voici les nombres que nous avons trouvés :

Gammes ascendantes avec le dièse   11
Gammes descendantes avec le bémol   11
Gamme modèle, commune aux deux
    modes de formation   1
                  Total.   23 gammes.

La substitution enharmonique dont nous venons de parler, a permis de réduire à quinze ce nombre de vingt-trois gammes, et voici comment :

L'écriture musicale n'ayant admis à l'armure que sept signes pour les gammes ascendantes, voici les gammes qui ont été négligées : *sol* ♯ *ré* ♯ *la* ♯ *mi.*♯, pour être remplacées par leurs enharmoniques

la ♭   *mi* ♭   *si* ♭   *fa.*

Ces quatre dernières gammes, jointes à celles de

ré ♭   *sol* ♭   *ut* ♭

forment donc sept gammes descendantes; or, comme nous avons déjà sept gammes ascendantes, si l'on ajoute la gamme modèle, nous arrivons au chiffre de quinze gammes majeures.

On pourrait encore restreindre ce nombre à douze, en remplaçant les trois gammes

ut ♯   *ut* ♭   *fa* ♯

par leurs enharmoniques

ré ♭   *si*   *sol* ♭

Ces douze gammes ont pour toniques les douze sons qui composent une octave de la gamme majeure.

Toutefois, nous n'admettrons pas cette réduction, parce qu'on est exposé à rencontrer de la musique écrite avec une armure chargée de plus de six dièses ou de six bémols, et, en outre, parce que ces quinze gammes nous seront quelquefois utiles pour simplifier certaines transpositions.

Quant aux armures qui présentent plus de sept dièses ou plus de sept bémols, nous les admettrons théoriquement, parce qu'elles aident souvent à bien faire comprendre les principes de l'harmonie et de la modulation.

Il est, du reste, un moyen facile d'apprendre à connaître les gammes dont l'armure dépasse le nombre de sept signes. Classons ces gammes en deux catégories : appelons armures *simples* celles qui ne présentent que jusqu'à sept dièses ou sept bémols, et armures *composées* celles qui dépassent ce nombre.

Si nous prenons la gamme d'*ut* ♯ comme nouvelle gamme modèle, toutes les notes étant diésées, la gamme de quinte au-dessus sera *sol* ♯, et nous donnera huit dièses : ici le *fa* sera double-dièse.

Si nous prenons la gamme de *ré* ♯, nous aurons neuf dièses ; *fa* et *ut* seront doubles-dièses ; et ainsi de suite jusqu'à la gamme de *si*, qui donnera douze dièses.

On pourrait, comme on le voit, continuer indéfiniment avec des *triples* et *quadruples-dièses ;* mais nous bornerons là les armures composées.

En résumé, pour trouver l'armure *composée* correspondante à l'armure *simple*, il suffit d'ajouter *sept* dièses à cette dernière.

Ainsi, la gamme de *sol* nous donne un dièse ; si nous

en ajoutons sept, nous aurons huit dièses pour la gamme de *sol* ♯.

> La gamme de *ré* donne deux dièses,
> Celle de *ré* ♯ donne neuf dièses;

Or, deux plus sept égalent neuf.

> La gamme de *la* donne trois dièses,
> Celle de *la* ♯ donne dix dièses;

Or, trois plus sept égalent dix; et ainsi de suite.

Les armures avec bémols s'obtiendront par la même opération reproduite de la manière inverse.

Ainsi, la gamme de *fa* donne un bémol; si l'on en ajoute sept, on aura huit bémols pour la gamme de *fa* ♭, et de même pour les autres.

Toute gamme dont l'armure est *composée* trouve son enharmonique dans celles dont les armures sont *simples*. Ainsi :

> *sol* ♯ a pour enharmonique *la* ♭
> *ré* ♯ a pour enharmonique *mi* ♭
> *la* ♯ a pour enharmonique *si* ♭

Il en résulte qu'une armure composée étant donnée, on trouvera sa gamme enharmonique indiquée tout naturellement par le chiffre nécessaire pour compléter le nombre douze, puisque les douze gammes ont pour toniques les douze sons qui composent une octave de la gamme majeure, et qu'il suffira de réunir les dièses de l'armure composée aux bémols de l'armure simple, et réciproquement, pour obtenir le nombre 12. Exemple :

$$10 \text{ bémols donnent la gamme de } mi\,\flat\flat$$
$$2 \text{ dièses donnent la gamme de } ré$$
$$\text{Total } \quad 12$$

La gamme de *ré* est donc la gamme enharmonique de celle de *mi* ♭♭.

$$sol\,\sharp \text{ a pour armure } \quad 8 \text{ dièses}$$
$$la\,\flat \text{ (enharmonique) } \quad 4 \text{ bémols}$$
$$12$$

Le même résultat se produit avec les armures composées de bémols. Ainsi :

$$fa\,\flat \text{ a pour armure } \quad 8 \text{ bémols}$$
$$mi \text{ (enharmonique) } \quad 4 \text{ dièses}$$
$$12$$

CHAPITRE XIX

DE LA TONALITÉ

On entend par *tonalité* l'effet d'un groupe ou assemblage de notes qui se reproduit sur l'échelle diatonique à des intervalles réguliers. Notre gamme par octave est un exemple remarquable de tonalité, parce que les deux demi-tons occupent toujours une place invariable, et que la mélodie reçoit de cette régularité un certain caractère que l'oreille sait apprécier.

La tonalité doit présenter un sens absolu ; c'est une phrase [1], une partie du discours, qui offre un sens complet, lequel devient d'autant plus compréhensible que la ponctuation a été bien observée, et qu'aucun point de repos n'a été omis.

Le chant de la gamme diatonique naturelle

ut   ré   mi   fa   sol   la   si   ut

est tout à fait dans les conditions de tonalité que nous venons d'indiquer ; mais il est des cas où l'oreille a de la préférence pour certaines notes, de même qu'il en est d'autres sur lesquelles elle ne consent pas à s'arrêter : il lui faut aller au delà ou revenir en deçà.

Nous allons indiquer les notes qu'elle admet, et celles qu'elle repousse comme point de repos.

Ut (tonique) qui est ici le début de la phrase musicale, en est aussi le complément en se reproduisant à l'octave. Cette note équivaut en quelque sorte au *point* qui, dans le langage écrit, indique que la phrase est terminée.

En continuant la comparaison, *mi* (tierce) peut être considéré comme représentant la valeur de la *virgule*.

---

1. Voyez le Chapitre VII.

Sol (quinte) serait alors le *point et virgule*. Le point de repos donné par la quinte est plus grand que celui de la tierce, parce que dans la gamme harmonique, la quinte est plus rapprochée de la tonique, octave du générateur.

Si, comme on l'a vu, la réunion de certains sons est agréable, il en est d'autres, au contraire, qui ne peuvent se produire simultanément sans que l'oreille en soit choquée, sans qu'elle soit disposée à les repousser; il faut remarquer cependant qu'il existe des nuances, des degrés dans cette répulsion.

Par exemple, si l'on fait entendre simultanément les deux sons qui composent l'intervalle de *seconde mineure*, c'est-à-dire l'intervalle de deux demi-tons, cette réunion offre à l'oreille un effet plus désagréable encore que celui de la *seconde majeure*, c'est-à-dire l'intervalle de deux tons, exécuté de la même manière.

Malgré l'espèce d'antipathie qui existe entre les sons qui composent ces intervalles, ils sont cependant agréables lorsque les notes se produisent successivement.

Quant aux notes *fa* (quarte), *la* (sixte), *si* (septième), selon leur degré de relation avec la tonique, l'oreille éprouve plus ou moins le désir de les abandonner pour arriver au point de repos le plus rapproché de ces notes, en attendant la tonique qui est le point final de tout air, de toute mélodie.

Il résulte de cette différence de relation des notes entre elles, que chacune, dans la tonalité, remplit un rôle qui lui est propre, rôle que nous allons essayer de définir.

Pour remplir de nouvelles fonctions, les notes prendront ici un nouveau nom. On comprend que, pour éviter la confusion, il était nécessaire de donner d'autres dénominations ; voici celles consacrées par l'usage :

La tonique	(qui conserve son nom)	*tonique*
La seconde	s'appelle	*sustonique*
La tierce	»	*médiante*
La quarte	»	*sousdominante*
La quinte	»	*dominante*
La sixte	»	*susdominante*
La septième	»	*note sensible*
L'octave	»	(Répétition de la tonique)

La première ou *tonique* conserve son nom, parce qu'elle est le point de départ et qu'elle donne l'intonation à la gamme, laquelle prend toujours son nom de la première note. Ainsi l'on dit indifféremment : *gamme de ré* ou *ton de ré*, *gamme de sol* ou *ton de sol*. On dit aussi qu'un morceau est dans le ton d'*ut* ou simplement *en ut*, pour signifier que le chant est écrit avec les notes de la gamme d'*ut*.

La *sustonique* doit son nom à sa position sur la tonique ; elle est attirée par celle-ci ; cependant quelquefois elle se résout, ou, autrement, elle se confond, elle se perd dans le son de la tierce, alors le repos peut satisfaire l'oreille.

La *tierce* s'appelle *médiante*, du latin *medium*, milieu, parce qu'elle occupe le milieu des trois notes d'un accord parfait, composé toujours de *tonique*, *tierce*, *quinte*. Nous savons déjà que la médiante est une note de repos.

La *quarte*, étant placée sous la quinte, s'appelle la *sous-dominante*. Sa tendance bien marquée est d'aller vers la médiante, dont elle n'est du reste séparée que par une seconde mineure.

La *quinte*, qui représente le repos le plus grand après la tonique, prend le nom de *dominante*, parce que, dans le cours d'une mélodie, c'est elle qui reparaît le plus souvent, et domine ainsi toutes les autres ; elle tend à monter ou à descendre vers la tonique, sur laquelle elle se résout.

Si l'on exécute l'accord parfait de la tonique *ut*

ut   mi   sol

et l'accord parfait de la quinte

sol   si   ré

on voit que *sol* (dominante) est commun aux deux accords.

La *sixte* est appelée *susdominante* à cause de sa position sur la dominante ; elle se résout sur cette dernière note.

La *septième* prend le nom de *note sensible*, parce qu'elle fait désirer d'arriver à la tonique, dont elle n'est qu'à distance d'un demi-ton. Cette *sensible*, sur laquelle l'oreille reste en suspens, est, comme son nom l'indique, une des notes les plus caractéristiques de la gamme ; car un ton n'est bien déterminé que lorsqu'on a fait entendre la *sensible*, soit dans l'accord, soit dans le chant ; elle tend à monter vers la tonique, tandis que la sousdominante est attirée par la tierce. Ainsi, après l'accord parfait :

ut   mi   sol

qui indique le ton d'*ut*, si l'on produit simultanément les deux notes

fa   si

l'oreille n'aura satisfaction que lorsqu'elle entendra les notes

mi   ut

qui ramènent à l'accord parfait.

Ceci nous conduit naturellement à faire remarquer le rôle que remplit l'intervalle formé par la *sousdominante* et par la *sensible* d'une gamme majeure. Si l'on cherche la valeur de l'intervalle de quarte, on trouve que chacune des notes a sa quarte de deux tons et un demi-ton. Cet intervalle prend la dénomination de *quarte juste* ou *parfaite,* parce qu'elle n'est que le *renversement*[1] de la quinte, ainsi qu'il a été dit au chapitre de la formation des gammes.

La *sousdominante* seule a sa quarte de trois tons, ce qui a valu à cet intervalle le nom de *triton.*

Il est utile de faire observer, en passant, que les intervalles se comptent du grave à l'aigu, à l'exemple des sons harmoniques ; mais cependant il peut arriver qu'on soit obligé de les compter en descendant; alors on en est averti par le mot *inférieur* qui, dans ce cas, aura dû être écrit à la suite de l'intervalle désigné. On dit : *quinte inférieure d'ut, sixte inférieure de sol,* etc.

CHAPITRE XX

DU MODE MAJEUR ET DU MODE MINEUR

En musique, *mode*[2], *manière d'être,* ou *modification,* signifie le caractère qu'imprime à une gamme la place occupée par ses deux demi-tons constitutifs.

---

1. Voir, au Chapitre xviii, la signification du mot *renversement.*
2. Du latin *modus,* manière.

Il est évident qu'en déplaçant les demi-tons, on change la *manière d'être* de cette gamme, lors même qu'on obtient une tonalité quelconque.

Nous avons vu que les accords harmoniques faits sur trois notes formant ensemble deux quintes justes successives produisent la *gamme majeure*. Exemple :

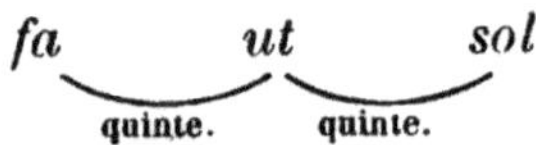

Si la note *fa*, qui est la plus grave, est portée à l'octave supérieure, de quinte inférieure d'*ut*, elle devient alors la quarte supérieure [1].

C'est pourquoi les trois notes *tonique*, *quarte*, *quinte*, qui engendrent la gamme ou le ton, sont désignées sous le nom de *notes tonales*. Le caractère particulier de ces trois notes est d'être invariables; et il est si essentiel de les conserver telles que la gamme harmonique nous les a données, que si on les affecte d'un signe accidentel quelconque, la gamme change de caractère, parce qu'alors la note affectée a perdu le rôle qui lui est assigné dans la tonalité.

Si dans la gamme d'*ut*, par exemple, la note *fa*, sousdominante qui se résout sur la tierce, est haussée d'un demi-ton, il est évident qu'elle quitte son caractère de sousdominante pour prendre le rôle de *note sensible* par rapport à la note *sol*, dont elle n'est plus séparée que par un demi-ton. Il en serait de même des autres notes tonales *ut* et *sol*.

1. Voyez Chapitre XXI.

Les notes tonales ont leurs quintes parfaites ; ainsi dans la gamme d'*ut*, qui a pour tonales *ut fa sol*,

> La quinte d'*ut* est *sol*,
> La quinte de *fa* est *ut*,
> La quinte de *sol* est *ré*.

La quinte d'une tonale étant juste, elle restera, comme elle, invariable dans la tonalité. Il en résulte que *ré*, qui occupe le second degré de la gamme d'*ut*, ne peut être affecté d'aucun signe accidentel sans changer la tonalité. Le principe des notes tonales s'applique ainsi à la *seconde* de toute gamme établie suivant les lois qui régissent la gamme modèle.

Au contraire, les trois notes *tierce*, *sixte*, *septième*, peuvent être modifiées, sans que pour cela on change de ton. Ces notes s'appellent *modales* parce qu'elles servent à constituer le mode.

Il y a deux *modes* : le *mode majeur* et le *mode mineur*.

Le *mode majeur* est donné par la nature ; c'est à ce mode qu'appartient la gamme harmonique. Il est appelé ainsi par opposition avec le mode mineur.

Le *mode mineur* est dû au hasard, à la recherche, à l'art, si l'on veut. Nous dirons tout à l'heure l'origine et l'étymologie du mot *mineur*.

On apprécie parfaitement le sens complet d'une tonalité en descendant la gamme d'*ut* dans l'étendue d'une octave.

Mais si, par exemple, au lieu de prendre pour point de départ la note *ut*, on commence à partir de *ré*, toujours en descendant jusqu'au *ré* de l'octave au-dessous, alors on sent très-bien que la phrase est incomplète; dans ce cas, l'oreille désire, attend un complément, et n'est réellement satisfaite qu'après avoir entendu la tonique *ut*, parce que c'est sur cette note que se résout la sustonique.

Si l'on expérimente de même avec *mi*, on reconnaîtra encore que cette succession de huit sons ne constitue pas une tonalité.

La même expérience se répétera avec le même insuccès en partant soit de *fa*, soit de *sol* ou de *si;* ces nouvelles successions de huit notes descendantes, ne seront que des parties plus ou moins complètes de la gamme d'*ut*.

Jusqu'ici nous avons opéré avec les notes *ut, ré, mi, fa, sol, si;* il ne reste donc plus à expérimenter qu'avec le *la* (sixte).

Voici la succession descendante donnée par cette note :

la   si   ut   ré   mi   fa   sol   la

Après avoir entendu cette phrase qui se termine sur *la*, l'oreille comprend alors que le sens est complet, que le but est atteint, parce qu'on est arrivé à ce qu'elle désirait, c'est-à-dire à une tonalité.

La gamme, qui résulte de cette succession descendante, a une couleur, un caractère qui diffère essentiellement de la gamme majeure d'*ut*, quoique cependant elle soit produite par les notes de cette même gamme. Toutefois, elle ne constitue pas moins une tonalité, et permet d'écrire des chants qui participent naturellement du caractère de cette gamme.

Après avoir descendu cette gamme, si nous essayons de la monter, il se produit un fait d'une singulière étrangeté ; l'oreille, qui a admis avec satisfaction cette succession de notes descendantes, par un caprice inexplicable et digne de remarque, refuse, repousse la succession ascendante ; et c'est entre l'intervalle de seconde majeure de la septième *sol* à l'octave *la*, que se produit la répulsion : l'oreille semble regretter l'absence d'un demi-ton entre ces deux notes.

Si, pour lever cette difficulté et donner à l'oreille la satisfaction qu'elle demande, on dièse le sol, alors on obtient la gamme suivante :

Mettons en parallèle sur la portée, la gamme descendante et la gamme ascendante, pour reconnaître la différence qui existe entre l'une et l'autre :

On reconnaît que cette différence ne porte que sur la présence du sol dièse dans la seconde.

Comme la gamme majeure, la gamme mineure se compose de cinq tons et de deux demi-tons ; mais dans celle-ci les demi-tons ont changé de place : l'un se trouve de la *quinte* à la *sixte*, et l'autre de la *seconde* à la *tierce*. Pour rendre ce fait plus apparent, plaçons sur une même ligne assez de notes pour que l'œil embrasse à la fois une octave de la gamme d'*ut* et une octavé de la gamme de *la*, et numérotons les notes pour indiquer le rang que chacune d'elle occupe dans l'échelle diatonique ; ainsi la tonique *ut* est surmontée du chiffre 1, la seconde du chiffre 2, etc.

1	2	3	4	5	6	7	8						
ut	*ré*	*mi*	*fa*	*sol*	*la*	*si*	*ut*	*ré*	*mi*	*fa*	*sol*	*la*	
					1	2	3	4	5	6	7	8	

Dans la gamme de *la*, formée en partie des notes de la gamme d'*ut*, la tonique *la* est indiquée par le chiffre 1, la seconde par le chiffre 2, etc.

Cette disposition démontre que dans la gamme de *la*, prise en descendant, l'un des deux demi-tons est entre la *seconde* et la *tierce*, et le second demi-ton entre la *quinte* et la *sixte*.

C'est là la différence essentielle qui existe entre la gamme majeure d'*ut* et cette nouvelle gamme qui a pour tonique *la*, laquelle se nomme gamme mineure, parce que la tierce *la mi*, formée de la *tonique* à la troisième note, n'a qu'un ton et demi, tandis que dans la gamme d'*ut*, la première tierce *ut mi* a deux tons [1].

Nous venons de voir que les notes qui servent à monter la gamme mineure, ne sont plus tout à fait celles qui servent à la descendre.

Cependant on n'est pas d'accord sur ce point ; il a

---

1. Pour que l'expérience que nous venons d'indiquer soit régulièrement faite, il est indispensable de ne pas descendre au delà de huit notes ; car, par exemple, si l'on partait de la note *si*, et qu'on descendît jusqu'au *la*, dans ce cas la gamme mineure de *la* serait caractérisée, et le but serait manqué.

divisé les esprits, et a fait naître trois systèmes que nous allons examiner.

Le premier système admet la gamme ascendante et descendante, telle que nous venons de la trouver.

Le second n'accepte que la deuxième moitié du premier système, c'est-à-dire la gamme descendante; quant à la gamme ascendante, il augmente la sixte d'un demi-ton, en donnant pour raison que l'intervalle de seconde majeure, entre la sixte et la septième, est désagréable pour l'oreille qui vient d'entendre le demi-ton de la quinte à la sixte. Voici cette gamme :

Les partisans du premier système trouvent que cette gamme ascendante écrite ainsi perd en partie son caractère de mineure, parce que, en élevant la sixte d'un demi-ton, les quatre dernières notes présentent le second tétra-corde régulier de la gamme majeure.

Le troisième système a semblé vouloir mettre d'accord les deux premiers, en donnant exactement à la gamme mineure ascendante les mêmes notes que celles de la gamme descendante. Voici cette gamme :

On voit que, soit en montant, soit en descendant, la note sensible conserve tout à fait son caractère.

Ce dernier système paraît être en effet plus simple que les deux autres; avec lui, l'élève est dispensé de se préoccuper du changement des notes, soit en montant, soit en descendant.

Ces trois systèmes sont encore en présence aujour-d'hui, et ce fait s'explique ainsi, c'est que l'oreille a admis ces trois modifications.

De tout ce qui vient d'être dit sur le mode mineur, il faut reconnaître que chaque gamme majeure renferme en elle-même les éléments d'une autre gamme qui lui appartient en propre, et qui, pour cette raison, est appelée sa *relative*. Cette nouvelle gamme a pour tonique la sixte de la gamme majeure, ou autrement la tierce mineure au-dessous de la tonique du majeur. Par suite de cette relation, l'armure de cette gamme est exactement la même que celle du majeur dont elle procède.

De cette similitude d'armures, il résulte cette difficulté, qu'on ne sait plus quand la gamme est *majeure* ou quand elle est *mineure relative*.

Cependant c'est là un point qu'il est essentiel de connaître, sous peine de commettre des erreurs dans l'exécution. Il existe plusieurs moyens de trouver le mode véritable, et nous allons les indiquer.

Rappelons d'abord ce principe invariable que toute note tonale, dans le mode majeur, ne peut se modifier sans changer de ton.

Partant de ce principe, il faut examiner si la gamme majeure exprimée par l'armure a bien sa quinte (l'une de ses trois notes tonales) exempte de toute modification.

Si en effet cette quinte est dans cette condition, on est assuré qu'on est dans le ton majeur.

Mais si, par exemple, cette quinte est haussée d'un

demi-ton, soit par un dièse quand la note est naturelle, soit par un double-dièse quand elle est déjà diésée, soit enfin par un bécarre quand elle est bémolisée; alors on a déjà une certitude, celle de ne pas être dans le ton majeur.

Examinons donc maintenant si, de cette certitude de n'être pas dans le ton majeur, il résulte que nous soyons dans le mode mineur relatif. Il suffit pour cela de retourner un moment sur nos pas, et de rappeler ce que nous avons dit à propos de la gamme mineure, c'est que si l'on monte cette gamme, sa note sensible (qui est la quinte du ton majeur) doit être haussée d'un demi-ton. Or, lorsque la quinte est haussée d'un demi-ton, il est évident qu'on est dans le ton relatif mineur; car de note tonale qu'elle était dans le mode majeur, elle perd ce caractère, et devient alors *note sensible* de la gamme mineure relative.

Pour essayer de nous faire comprendre, nous donnerons un exemple pris dans la gamme modèle, lequel pourra s'appliquer à toutes les gammes majeures. Prenons l'accord parfait majeur :

$$ut \quad mi \quad sol$$

qui nous donne le ton d'*ut*, et faisons entendre après lui l'accord :

$$sol \quad si \quad ré.$$

Ce dernier accord, ainsi que nous l'avons déjà vu, est en relation directe avec celui de la tonique *ut;* il faut bien faire attention que, dans ce cas, il ne détermine pas le ton de *sol*, parce qu'ayant entendu d'abord

$$ut \quad mi \quad sol$$

on désire naturellement y revenir.

Mais si, au lieu d'opérer ce retour, nous haussons la quinte *sol* par un dièse :

$$sol \sharp \quad si \quad ré$$

ce dernier accord fera oublier celui de la tonique *ut* pour faire désirer la note *la*. C'est qu'en effet, comme nous venons de le dire, la note *sol* modifiée ainsi par le dièse, est devenue une *note sensible*. Or, la note *sol* est la septième de la gamme de *la*.

Maintenant, si nous ajoutons à la note *la* les notes *ut*, *mi*, de la gamme majeure, nous avons alors l'accord parfait mineur :

$$la \quad ut \quad mi.$$

Il est un autre moyen de reconnaître si l'on est dans le ton majeur indiqué par l'armure, ou dans le ton mineur relatif : il suffit d'examiner si le chant commence par les notes de l'accord parfait majeur, ou par celles de l'accord parfait mineur relatif.

Dans le premier cas, on est dans le ton majeur; dans le second, on est dans le ton mineur.

Mais ce moyen est incomplet, parce que la première tierce du ton relatif mineur peut appartenir au ton majeur.

Un troisième moyen consiste à recourir à la note finale du morceau, pour reconnaître s'il se termine sur la tonique du ton majeur ou sur celle de son relatif mineur; mais dans certains cas, ce moyen peut induire en erreur, parce que le morceau, par suite de modulations, a pu passer et demeurer dans un autre ton, de sorte que le mode mineur ne s'est fait sentir que pendant un certain nombre de mesures. Il présente en outre cet inconvénient, qu'il n'est souvent ni prompt ni facile de trouver instantanément la note qui termine le morceau.

Dans le mode mineur, le dièse et le bécarre qui modifient la note sensible sont toujours accidentels; en conséquence, ils doivent être reproduits chaque fois que cette note se présente, autrement elle reprendrait son rôle de quinte tonale du mode majeur.

Outre la gamme mineure *relative*, chaque tonique a encore une autre gamme mineure que nous appellerons *homonyme* [1].

Dans ce cas, les armures de ces deux gammes sont différentes.

Ainsi l'accord parfait majeur étant :

l'accord parfait mineur sera :

1. Homonyme, de deux mots grecs signifiant *même nom*.

On voit que la note modale *mi* est modifiée par un bémol, sans que pourtant le ton soit changé.

Si après l'accord parfait majeur :

$$ut \qquad mi \qquad sol$$

on fait entendre l'accord parfait mineur :

$$ut \qquad mi\,\flat \qquad sol$$

on reconnaîtra que le majeur est majestueux, brillant, tandis que le mineur est triste, mélancolique.

ARMURES DU MAJEUR ET DU MINEUR

EXEMPLES :

TON		ARMURE
ut majeur	—	aucun signe.
ut mineur	—	3 bémols (relatif mineur de *mi* bémol majeur).

On voit déjà que l'armure du mineur a trois bémols de plus que celle du même ton majeur.

TON		ARMURE
la majeur	—	3 dièses.
la mineur	—	aucun signe (relatif mineur d'*ut*).

Ici l'on reconnaît que l'armure du mineur, au contraire, a trois dièses de moins que celle du majeur : c'est exactement comme s'il y avait trois bémols au mineur, puisque les dièses ont disparu de son armure.

TON   ARMURE
mi majeur   —   4 dièses.
mi mineur   —   1 dièse (relatif mineur de *sol*).

La différence est encore la même ; on reconnaît trois dièses de moins à l'armure du mineur.

TON   ARMURE
sol majeur   —   1 dièse.
sol mineur   —   2 bémols (relatif de *si* bémol majeur).

Ici l'armure du mineur ayant deux bémols de plus et un dièse de moins, c'est comme s'il y avait trois bémols de plus au mineur.

TON   ARMURE
ré majeur   —   2 dièses.
ré mineur   —   1 bémol (relatif mineur de *fa*).

Toujours même différence ; car deux dièses de moins et un bémol de plus au mineur, équivalent à trois bémols de plus ; c'est le résultat donné par tous les exemples ci-dessus.

Ces exemples démontrent que, quand on veut, dans le même ton, abandonner le majeur pour le mineur, il suffit de baisser trois notes ; et que, pour passer du mineur au majeur, il faut, au contraire, hausser les trois notes.

Maintenant il est nécessaire de connaître ces trois notes et de nous familiariser avec elles, afin de les trouver immédiatement au besoin, ce qui sera facile, parce que ces notes, une fois connues, sont toujours les mêmes.

Rappelons que, dans toute gamme majeure, la *tierce*,

la *sixte* et la *septième*, sont les notes modales, c'est-à-dire qu'elles se modifient pour changer le mode, tout en conservant le ton ou la gamme ; si nous revenons au premier exemple ci-dessus, nous voyons que *ut majeur* n'a aucun signe à l'armure ; que *ut mineur* a pour armure les bémols *si, mi, la*. Or, ces trois notes sont précisément les notes modales de la gamme d'*ut majeur*.

Au second exemple, *la* majeur a trois dièses à l'armure ; *la* mineur n'a aucun signe. Or, les dièses disparus sont précisément encore les trois notes modales de la gamme de *la*.

Ces deux exemples établissent de la manière la plus évidente qu'en baissant d'un demi-ton les trois notes modales d'une gamme majeure, on obtient la même gamme mineure.

Nous avons vu que le mode majeur trouve son origine dans les sons harmoniques, puisque trois notes qui forment deux quintes successives produisent une gamme majeure. Or, il n'existe pas de mélodie plus naturelle que celle présentée par la gamme majeure, qui possède tous les éléments complets d'une phrase musicale.

Quant au mode mineur, il n'est pas né directement des sons harmoniques, mais bien des notes de la gamme majeure ; et c'est pour cette cause qu'il est regardé comme le subordonné du majeur, dont il est en effet le relatif.

Nous ne terminerons pas ce chapitre sans faire une remarque qui a son genre d'intérêt. On sait que le plain-chant dérive du tétracorde grec, et que notre tonalité était inconnue aux Grecs, qui n'avaient pas assigné de place régulière aux demi-tons ; cependant, sur les sept modes du plain-chant, il en est deux qui présentent une grande analogie avec le mode majeur et le mode mineur de notre musique moderne. Toute singulière que puisse paraître une semblable coïncidence, il est pourtant plus que probable qu'elle n'est due qu'au hasard.

CHAPITRE XXI

DU RENVERSEMENT DES INTERVALLES

Nous savons que la distance d'un son à un autre son est un *intervalle*.

Chaque intervalle a un nom particulier qui détermine le nombre de degrés occupés sur l'échelle par les deux sons extrêmes qui le composent; ainsi, celui qui occupe deux degrés s'appelle *seconde ;* celui qui en occupe trois s'appelle *tierce*, etc.

L'intervalle est *simple* ou *composé*.

Quand la distance des deux sons extrêmes est comprise dans l'étendue d'une octave sans la dépasser, l'intervalle est simple. Il est composé quand il franchit cette limite.

L'intervalle composé peut être doublé ou triplé, suivant qu'il est formé de sons distancés de deux ou trois octaves.

Chacun des termes extrêmes d'un intervalle peut se transporter soit à l'octave supérieure, soit à l'octave inférieure : ce déplacement prend le nom de *renversement*.

Les figures que nous donnons ci-contre serviront à

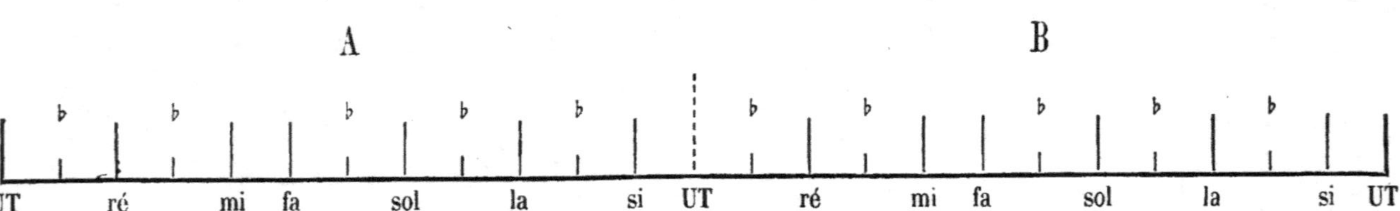
GAMME CHROMATIQUE ASCENDANTE
A
B
# # # # #   # #   # # #
UT ré mi fa sol la si UT ré mi fa sol la si UT
GAMME CHROMATIQUE DESCENDANTE
A
B
♭ ♭ ♭ ♭ ♭   ♭ ♭   ♭ ♭ ♭
UT ré mi fa sol la si UT ré mi fa sol la si UT

faire comprendre les nouveaux rapports qui s'établissent entre les sons après le renversement, et feront voir aussi que ce renversement peut avoir lieu de quatre manières différentes.

Dans la gamme chromatique ascendante, les demi-tons sont exprimés par le ♯. Dans la gamme descendante, les demi-tons sont exprimés par le ♭. L'œil apercevra sur-le-champ la différence des intervalles et viendra ainsi en aide à l'intelligence.

On voit facilement, par exemple, que *ut* ♯ *mi* est plus petit d'un comma que *ré* ♭ *mi*, et aussi que *ut sol* ♯ est plus grand d'un comma que *ut la* ♭.

Maintenant examinons l'opération du renversement.

Commençons, dans l'octave B, par les deux notes *ut ré*, représentant l'intervalle de seconde, et transportons *ut* à l'octave au-dessus ; de cette façon nous ferons un renversement (*ré ut*) qui nous donnera un intervalle de septième, puisque de *ré* à *ut* il existe sept degrés de l'échelle diatonique.

Si, au contraire, nous portons la même note *ut* à l'octave au-dessous A, nous obtenons un nouveau renversement qui donne un intervalle *composé*, appelé *neuvième*, parce que de *ut* à *ré* on compte neuf degrés de l'échelle.

Il en sera de même pour la note *ré*, qui, transportée à l'octave supérieure, donnera une neuvième, ou une septième si elle est portée à l'octave inférieure.

On voit qu'on opère deux fois avec chacun des termes extrêmes ; il en résulte donc que le renversement peut être effectué de quatre manières : deux renversements simples, et deux renversements composés ; car l'exemple précédent nous a fait voir quatre renversements du même intervalle.

Tous les intervalles, sans exception, pourront être renversés de la même manière.

Voici, sur la portée, et mis en regard, ces quatre renversements du même intervalle :

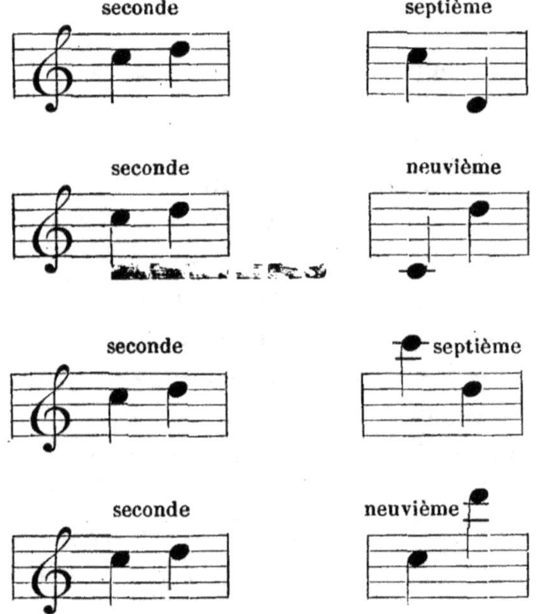

Occupons-nous maintenant des renversements simples ; ils sont généralement plus usités, et nous serviront à classer tous les intervalles de la gamme.

Nous avons vu que la seconde renversée donne la septième ; en continuant la même opération pour tous les intervalles de la gamme diatonique, il sera facile, à l'aide de la ligne droite représentée par notre figure, de se rendre compte du nombre de degrés obtenus après le renversement.

Ce mode d'opérer fournit le moyen de classer ainsi tous les renversements de la gamme diatonique :

L'unisson [1] renversé donne		l'octave.
La seconde	»	la septième.
La tierce	»	la sixte.
La quarte	»	la quinte.
La quinte	»	la quarte.
La sixte	»	la tierce.
La septième	»	la seconde.
L'octave	»	l'unisson.

On appelle intervalle direct celui qui monte du grave à l'aigu, parce qu'il suit la direction des sons harmoniques qui marchent toujours de bas en haut ; tous ceux compris ici dans la première colonne sont des intervalles directs, par opposition à ceux de la seconde, qui sont renversés.

Il existe un moyen de graver dans sa mémoire la valeur d'un intervalle renversé ; ce moyen consiste à additionner le chiffre qui représente l'intervalle direct avec le chiffre de ce même intervalle renversé. Cette addition doit toujours donner le nombre *neuf* au total. Pour nous faire comprendre, nous allons opérer :

Intervalle direct,	*ut ré*	(seconde)	2
» renversé,	*ré ut*	(septième)	7
		Total	9

1. L'*unisson* résulte de deux notes du même degré exécutées simultanément ou successivement.

Intervalle direct,   *ut mi* (tierce)   3
  »   renversé, *mi ut* (sixte)   6

                              Total   9

Intervalle direct,   *ut fa* (quarte)   4
  »   renversé, *fa ut* (quinte)   5

                              Total   9

A l'aide de ce simple calcul, on reconnaît combien il est facile de trouver le chiffre inconnu par le chiffre connu, puisqu'il s'agit d'arriver toujours au nombe *neuf*.

Ainsi qu'il a été dit déjà, chaque dénomination des intervalles exprime le nombre de positions diatoniques occupées par chacun d'eux sur l'échelle.

Or, puisque la quinte représente le chiffre   5
Son renversement sera donc la quarte, soit   4

                              Total   9

La tierce représente   3
Son renversement sera donc la sixte, soit   6

                              Total   9

Nous n'irons pas plus loin dans cette démonstration, qui a dû être comprise immédiatement.

Les intervalles ne conservent pas toujours la même quantité de tons et de demi-tons; ils sont parfois modifiés par un des trois signes accidentels, sans pour cela que le nom de ces intervalles soit changé.

Chaque fois qu'un intervalle est modifié, soit par l'addition, soit par la suppression d'un demi-ton, cette modification lui apporte nécessairement des qualités nouvelles ou différentes.

Ces modifications, au nombre de cinq, ont reçu les noms suivants :

>Juste ou Parfaite,
>Majeure,
>Mineure,
>Diminuée,
>Augmentée.

Tous les intervalles ne sont pas soumis indifféremment à ces cinq modifications; les uns n'en subissent que trois, d'autres en subissent quatre.

Nous savons déjà que la *quinte* produite par les accords harmoniques s'appelle *juste* ou *parfaite;* il en est de même pour l'*octave,* et de même encore pour les renversements de la *quinte* et de l'*octave,* c'est-à-dire pour la *quarte* et l'*unisson.*

Nous allons classer les diverses modifications de tous les intervalles que donne la gamme *diatonique majeure :*

ut	*ut*	unisson juste,
ut	*ré*	seconde majeure,
ut	*mi*	tierce majeure,
ut	*fa*	quarte juste,
ut	*sol*	quinte juste,
ut	*la*	sixte majeure,
ut	*si*	septième majeure,
ut	*ut*	octave juste.

Tous les intervalles qualifiés *majeurs*, deviennent mineurs par la suppression d'un demi-ton. Ainsi :

ut ré ♭   est une seconde mineure,
ut la ♭   est une sixte mineure ;

et ainsi de suite.

L'intervalle *majeur* auquel on ajoute un demi-ton s'appelle *augmenté*.

ut ré ♯   est une seconde augmentée,
ut la ♯   est une sixte augmentée.

L'intervalle *mineur* auquel on enlève un demi-ton s'appelle *diminué*. L'intervalle direct

ut   si ♭

qui représente la septième mineure, deviendra septième *diminuée* s'il se présente ainsi :

ut ♯   *si* ♭

On voit que la distance entre ces deux notes a été diminuée d'un demi-ton par la présence du dièse.

Les intervalles qu'on appelle *justes*, peuvent être augmentés ou diminués ; jamais ils ne prennent la dénomination de *majeurs* ou de *mineurs*.

Voici le tableau complet des intervalles modifiés [1] :

INTERVALLE	QUALITÉ	INTERVALLE	QUALITÉ
UNISSON	diminué. juste. augmenté.	QUINTE	diminuée. juste. augmentée.
SECONDE	diminuée. mineure. majeure. augmentée.	SIXTE	diminuée. mineure. majeure. augmentée.
TIERCE	diminuée. mineure. majeure. augmentée.	SEPTIÈME	diminuée. mineure. majeure. augmentée.
QUARTE	diminuée. juste. augmentée.	OCTAVE	diminuée. juste. augmentée.

Avant d'opérer les trois renversements de chacun des
intervalles, il faut reconnaître la quantité de tons et de
demi-tons qui entrent dans chacune des trois modifications qui lui sont propres.

Le tableau ci-après donnera cette connaissance.

1. Il y a quelques-uns de ces intervalles qui ne s'emploient jamais,
entre autres : *l'unisson diminué, la septième augmentée, la quarte
diminuée, l'octave diminuée* ou *augmentée,* etc., on les remplace par
leurs enharmoniques. Il est inutile de dire que le tableau des intervalles
s'applique à toutes les tonalités possibles ; et que, quelle que soit la
tonalité, les dénominations sont toujours les mêmes.

TABLEAU

DE LA COMPOSITION DE TOUS LES INTERVALLES
EN TONS ET EN DEMI-TONS.

INTERVALLE	QUALITÉ	VALEUR EN TONS ET DEMI-TONS		VALEUR EN DEMI-TONS
		tons.	1/2 tons	
UNISSON	diminué	»	1/2	1
	juste.	»	»	0
	augmenté ...	»	1/2	1
SECONDE	diminuée. ...	»	0	0
	mineure	»	1/2	1
	majeure	1	»	2
	augmentée...	1	1/2	3
TIERCE	diminuée. ...	1	»	2
	mineure	1	1/2	3
	majeure	2	»	4
	augmentée...	2	1/2	5
QUARTE	diminuée. ...	2	»	4
	juste.	2	1/2	5
	augmentée. ..	3	»	6
QUINTE	diminuée. ...	3	»	6
	juste.	3	1/2	7
	augmentée...	4	»	8
SIXTE	diminuée. ...	3	1/2	7
	mineure	4	»	8
	majeure	4	1/2	9
	augmentée...	5	»	10
SEPTIÈME	diminuée. ...	4	1/2	9
	mineure . :..	5	»	10
	majeure	5	1/2	11
	augmentée...	6	»	12
OCTAVE	diminuée. ...	5	1/2	11
	juste	5	2/2	12
	augmentée...	5	3/2	13

Nous avons trouvé le renversement des intervalles de la gamme diatonique naturelle, sans avoir égard à la qualité de ces intervalles. Maintenant, nous indiquerons le moyen d'obtenir ce renversement en tenant compte, cette fois, de la qualité de ces intervalles. Ce moyen nous est fourni par le calcul le plus élémentaire.

On sait que l'octave est formée de douze demi-tons; ces douze demi-tons sont contenus dans l'intervalle direct et son renversement. Il suffit donc de soustraire du nombre 12, qui est invariable, les demi-tons de l'intervalle direct, pour connaître ceux du renversement, et réciproquement. Prenons la tierce diminuée pour exemple; cette tierce est formée de 2 demi-tons que nous avons à retrancher de 12 :

Demi-tons de l'octave	12
Demi-tons de la tierce	2
Résultat	10

c'est-à-dire la valeur de la sixte augmentée.

Si, au contraire, des douze demi-tons de l'octave on retranche les dix demi-tons de la sixte augmentée, on obtient deux demi-tons, valeur de la tierce diminuée.

Quand un intervalle se compose de notes naturelles, c'est-à-dire qui ne sont affectées d'aucun signe, son renversement ne présente aussi que des notes naturelles.

Si, au contraire, l'intervalle comporte des signes accidentels, les mêmes signes reparaîtront au renversement.

Quand un intervalle est haussé d'un demi-ton dans l'état direct, ce demi-ton est perdu au renversement.

Si, au contraire, l'intervalle direct est baissé d'un demi-ton, son renversement profite de ce demi-ton.

De ce déplacement d'un demi-ton, qui de l'intervalle direct passe à l'intervalle renversé, et réciproquement, il en résulte ce principe que : *majeur* entraîne *mineur;* *mineur* entraîne *majeur;* en outre, que : *augmenté* entraîne *diminué; diminué* entraîne *augmenté.*

Les intervalles *justes* sont seuls invariables au renversement. Voici tous les intervalles avec leurs renversements :

UNISSON	diminué donne.	OCTAVE	augmentée.
	juste.	—	juste.
	augmenté	—	diminuée.
SECONDE	diminuée donne.	SEPTIÈME	augmentée.
	mineure	—	majeure.
	majeure	—	mineure.
	augmentée	—	diminuée.
TIERCE	diminuée donne	SIXTE	augmentée.
	mineure.	—	majeure.
	majeure	—	mineure.
	augmentée	—	diminuée.
QUARTE	diminuée donne	QUINTE	augmentée.
	juste	—	juste.
	augmentée	—	diminuée.
QUINTE	diminuée donne	QUARTE	augmentée.
	juste	—	juste.
	augmentée	—	diminuée.
SIXTE	diminuée donne	TIERCE	augmentée.
	mineure	—	majeure.
	majeure	—	mineure
	augmentée	—	diminuée.
SEPTIÈME	diminuée donne	SECONDE	augmentée.
	mineure	—	majeure.
	majeure	—	mineure.
	augmentée	—	diminuée.
OCTAVE.	diminuée donné	UNISSON	augmenté.
	juste	—	juste.
	augmentée	—	diminué.

A propos du tableau de la valeur des intervalles, il est une remarque qui trouve ici naturellement sa place.

Dans ce tableau, la quinte augmentée est pourvue de *huit* demi-tons, tandis que la sixte diminuée n'en a que *sept*. La septième diminuée a *neuf* demi-tons, tandis que la sixte augmentée en a *dix*.

Ou, autrement, nous voyons une quinte plus grande qu'une sixte, et une sixte plus grande qu'une septième.

Ce genre d'anomalie n'est pas nouveau : nous l'avons vu se produire déjà dans le langage musical. Peut-être un jour se rencontrera-t-il quelqu'un d'assez puissant pour l'en faire disparaître; quant à nous, nous reconnaissons que nous devons nous borner à faire des vœux pour que cette réforme s'accomplisse dans un avenir prochain; trop heureux si, par nos avertissements, nous avons pu y contribuer pour une faible part. En attendant, nous tenons ici à mettre l'élève en garde contre une erreur qui pourrait naître dans son esprit, et à l'empêcher de croire que l'accord de sixte augmentée a ses notes extrêmes plus rapprochées que ne le sont celles de l'accord de septième diminuée.

Il faut le reconnaître, les étrangetés, les contradictions, les anomalies de la langue musicale, ne sont pas les moindres difficultés qui se rencontrent sur la route de l'étude de la musique; peut-être même est-ce là une des plus considérables, puisque le langage est en quelque sorte la seule clé dont on puisse se servir pour ouvrir l'intelligence de celui à qui l'on enseigne. Aussi, sommes-nous convaincu qu'un service réel sera rendu le jour où toutes ces imperfections seront réformées et remplacées par des termes logiques et des définitions lucides, qui, arrivant droit à notre raison, nous conduiront aussi droit au but.

Nous ne saurions donc trop le répéter, la connaissance parfaite, approfondie, de la valeur de tous les intervalles, c'est-à-dire de tous les tons et demi-tons qui entrent dans la formation, dans la structure de chacun d'eux, est de la plus haute importance pour l'étude de la musique. De même, on a dû l'apprécier, le calcul est un des plus puissants auxiliaires pour arriver à la connaissance théorique de cet art charmant, qui reste à l'état de lettre morte pour ceux qui n'apprennent que l'exécution.

CHAPITRE XXII

DE L'ORIGINE DES CLÉS

Dans les premiers temps de l'écriture musicale, et même jusqu'à Gui d'Arezzo, nous avons vu les notes figurées par les lettres de l'alphabet.

Lorsque la mélodie ne s'étendait pas au delà d'une octave, ces notes étaient représentées par des lettres majuscules A B C, etc.; quand elle arrivait à l'octave supérieure, on employait des lettres minuscules *a b c*; si elle montait à deux octaves, on doublait alors ces dernières lettres; on les triplait à la troisième octave, et ainsi de suite.

Avec cette notation, on comprend combien étaient grandes les difficultés de la lecture musicale. Ces difficultés fixèrent l'attention de Gui d'Arezzo : c'est encore à lui que nous devons l'invention des points ou notes qui ont remplacé les lettres. Il ne s'en tint pas là; sa réforme fut plus large, ainsi qu'on va le voir.

Avant lui, la portée se composait d'autant de lignes qu'on avait reconnu de notes dans l'étendue moyenne de la voix humaine, depuis la note la plus grave de la voix d'homme, jusqu'à la note la plus élevée de la voix de femme. La quantité de ces lignes n'était pas rigoureusement déterminée; cependant le nombre de 22 lignes semble être celui qui était plus généralement usité.

C'est alors que Gui d'Arezzo eut l'ingénieuse idée d'utiliser les intervalles ou interlignes, et supprima ainsi, d'un seul coup, la moitié de cette portée qui se trouva réduite à onze lignes. En voici la figure :

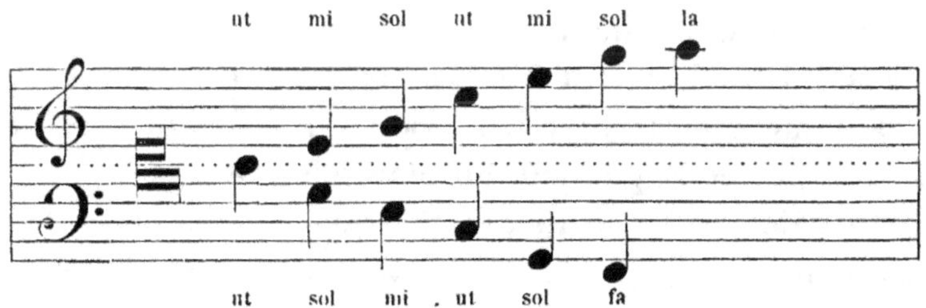

Lorsque les lettres cédèrent leur place aux notes, on conserva cependant trois de ces premières pour indiquer la région de sons dans laquelle le chant était écrit, soit au grave, soit au médium, soit à l'aigu. Ces lettres, appartenant aux majuscules, étaient G F C.

C'est à ces trois lettres, prises alors dans l'écriture gothique, et dont la forme s'est altérée avant d'arriver jusqu'à nous, qu'on doit les clés de *sol*, d'*ut* et de *fa*.

Ces lettres occupaient sur la portée la place même de nos clés modernes, et remplissaient les mêmes fonctions. Le *diapason*[1] des voix, c'est-à-dire l'étendue de chacune d'elles par suite de leur comparaison avec un son déterminé et fixe, soit au grave, au médium ou à l'aigu, était indiqué par une de ces trois lettres.

Ce n'est pas d'une manière arbitraire que ces lettres furent mises sur la portée par Gui d'Arezzo; à partir du moment où il utilisa les interlignes pour en faire autant de degrés diatoniques, il plaça le *sol* sur la première ligne du bas. Or, comme cette note, d'après son système, était la plus grave, elle a été naturellement son point de départ; conséquemment, la quatrième ligne a reçu la note *fa* avec la lettre C; la sixième a reçu la note *ut* avec la lettre F; et enfin la note *sol* et la lettre G sont venues se placer sur la huitième ligne.

Ainsi que nous l'avons dit, chaque grande division de la voix humaine, le grave, le médium, et l'aigu, trouvait sur cette portée la part qui lui était afférente.

Cette réforme fut accueillie alors avec reconnaissance; le système de Gui d'Arezzo obtint un grand succès et se répandit promptement en Europe.

Peut-être l'universalité de la musique tient-elle à cette circonstance.

Mais la portée devait arriver à une plus simple expression, et cette réduction n'était que le prélude d'une autre plus considérable.

Malgré la simplification de Gui d'Arezzo, on reconnaît

1. Voir le Chapitre xxv.

combien la lecture restait difficile encore sur la portée de onze lignes, par suite de l'enchevêtrement des diapasons et de la confusion qui en résultait.

En outre, lorsqu'il fallait écrire la musique pour une seule voix, le diapason de cette voix n'occupant que cinq lignes sur onze, il restait constamment six lignes non utilisées qui présentaient une difficulté pour la lecture. On eut alors l'idée d'abandonner les lignes surabondantes, de diviser la portée, et d'écrire séparément la part de chaque voix, en conservant en tête de chaque nouvelle portée la lettre ou clé qui indiquait le caractère particulier de la voix. C'est de ce moment que date la portée de cinq lignes, partout en usage de nos jours.

Déjà la moyenne des divers genres de voix humaines était fixée à sept. Ces voix avaient reçu la classification suivante sous d'autres dénominations; nous donnons ici les plus récentes :

VOIX FÉMININES	VOIX MASCULINES
Soprano léger, ou premier dessus.	Ténor léger.
Mezzo soprano, ou deuxième dessus.	Ténor grave.
Contralto.	Baryton.
	Basse.

A partir de la plus aiguë, toutes ces voix furent classées de tierce en tierce, en descendant.

Dans l'étendue assignée à chacune d'elles, on eut le soin de négliger ces notes équivoques qui, à l'aigu, dépassent la limite de l'extrême, et qu'on a très-bien caractérisées dans la voix d'homme en les appelant *notes de fausset*.

Renfermée dans des limites raisonnables et naturelles,

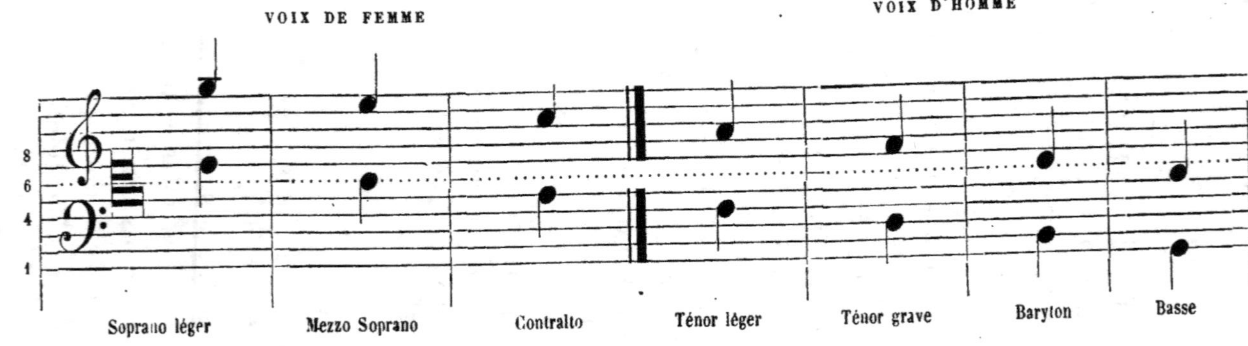

DIVISION DES VOIX DE TIERCE EN TIERCE
SUR LA PORTÉE DE GUI D'AREZZO
VOIX DE FEMME
VOIX D'HOMME
8
6
4
1
Soprano léger
Mezzo Soprano
Contralto
Ténor léger
Ténor grave
Baryton
Basse

chaque voix reçut pour étendue une octave plus une tierce [1].

Or, sur la portée de Gui d'Arezzo, cette étendue était représentée par cinq lignes. Nous venons de la reproduire pour donner une idée du classement des voix de tierce en tierce, en partant de la plus aiguë, et indiquer la place qui était réservée à chacune d'elles.

Le *soprano léger* occupe les cinq lignes supérieures, du *mi* grave au *sol* aigu ; sa clé est celle de sol.

Le *mezzo soprano* n'embrasse que l'étendue comprise entre *ut* et *mi ;* il perd donc une tierce dans le haut, mais il la retrouve dans le bas ; la onzième ligne reste pour lui sans utilité, et la sixième, au contraire, lui devient nécessaire. Or, c'est sur cette dernière que se rencontre la clé d'*ut ;* conséquemment le mezzo soprano chantera en clé d'*ut* première ligne.

Nous avons pointé intentionnellement la ligne de la clé d'*ut*, pour faire saisir plus facilement les déplacements que cette clé semble subir ; cependant, on reconnaîtra qu'elle est immuable, et que la voix seule varie.

Le *contralto* suit la même marche que le *mezzo soprano ;* il embrasse l'étendue comprise entre *la* et *ut*, et perd dans le haut la dixième ligne et la onzième ; mais en échange, il s'empare de la cinquième et de la sixième dans le bas ; conséquemment il chante en clé d'*ut* seconde ligne.

Le *ténor léger* et le *ténor grave* suivent également la

---

1. On se tromperait gravement si, de ce que nous disons ici, on prenait l'idée qu'on a voulu alors assigner d'une manière absolue cette limite à chaque voix. On sait que cette étendue est souvent dépassée. Mais on comprend qu'il soit entré quelque chose de conventionnel dans le classement dont nous parlons, et qu'on a dû s'arrêter à une étendue moyenne.

même marche descendante ; le premier prendra donc la clé d'*ut* troisième ligne, et le second la clé d'*ut* quatrième ligne.

En suivant cette progression pour le baryton, il arriverait à prendre naturellement la clé d'*ut* cinquième ligne. Mais cette clé n'a pas été admise pour cette voix, et a été remplacée par la clé de *fa ;* il en résulte alors que le baryton chante en clé de *fa* troisième ligne.

Enfin la voix de basse, qui est la plus grave de toutes, occupant les cinq lignes inférieures, la clé de *fa* se trouve pour elle sur la quatrième ligne.

Pour bien faire comprendre comment s'est opérée la transformation de cette grande portée, et comment elle a perdu successivement des lignes et des clés, nous allons démontrer tout à l'heure, d'une manière synoptique, la naissance de chacune des portées de cinq lignes particulière à chaque voix.

Si cette démonstration, faite sur la grande portée, a manqué de clarté et de précision, nous espérons que cette combinaison, qui présente isolément et successivement chaque opération, fera comprendre sur-le-champ chacune d'elles, laissera dans l'esprit une idée nette et juste de l'ensemble de cette transformation, et servira de complément aux explications que nous avons données.

Malgré cette simplification, il était donné à la portée de Gui d'Arezzo de ne pas disparaître complétement et d'arriver jusqu'à nous; c'est avec elle encore que s'écrit aujourd'hui la musique de l'orgue et de la harpe, et c'est elle aussi que nous retrouvons partout sur le pupitre de chaque piano.

De nos jours, l'échelle des sons a pris de l'extension au grave et à l'aigu; ce fait a développé l'usage des lignes supplémentaires en dehors de la portée. Cet usage a eu pour résultat de permettre de négliger l'étude de la plupart des clés, étude ingrate, difficile et hérissée de difficultés pratiques ; aussi la musique ne s'écrit-elle guère aujourd'hui qu'avec les seules clés de *sol,* et de *fa quatrième ligne.*

Dans le chapitre suivant, on reconnaîtra que, d'après notre système, il suffit en effet de bien connaître ces deux clés pour arriver à transposer dans tous les tons.

Mais examinons d'abord pourquoi la clé *d'ut* se trouve placée sur les quatre premières lignes.

Nous savons que la portée de onze lignes, imaginée par Gui d'Arezzo, représente le diapazon de chacune des sept espèces de voix humaines.

Chacune de ces voix n'occupe qu'une étendue de cinq lignes sur cette grande portée que nous reproduisons ici.

La plus aiguë des voix de femme, le *soprano léger,* prend ses notes dans le haut de l'échelle, et par conséquent occupe ses cinq lignes à partir de la onzième.

Si l'on supprime les six autres lignes devenues surabondantes, en conservant en tête de la portée la clé qui caractérise cette voix, on aura la figure suivante :

SOPRANO LÉGER

Clé de **SOL**

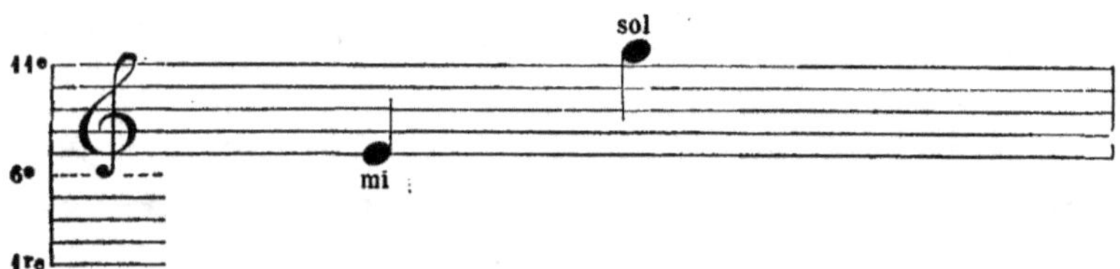

La voix qui se présente ensuite, le *mezzo soprano*, perd une tierce dans le haut sur la voix précédente; mais en perdant la 11ᵉ ligne de la grande portée, elle gagne la 6ᵉ sur laquelle est placée la clé d'*ut*. Exemple :

MEZZO SOPRANO

Clé d'**UT** 1ʳᵉ ligne

Vient après la voix de *contralto*, qui, comparée à la précédente, a une tierce de moins dans le haut et une de plus dans le bas.

Les deux lignes du haut de la grande portée lui sont inutiles, mais elle les reprend dans le bas. Exemple :

CONTRALTO

Clé d'**UT** 2e ligne

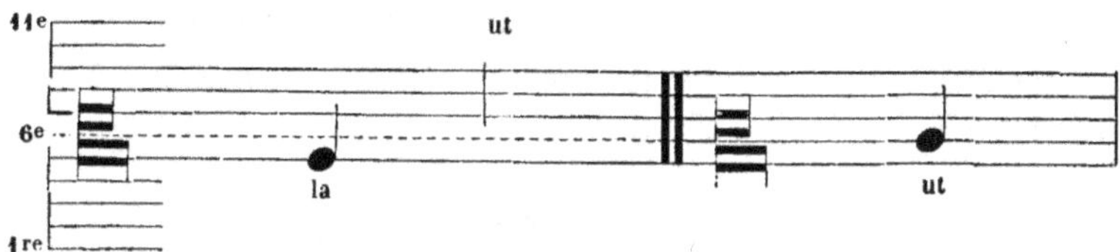

On peut remarquer que chacune des voix, suivant son caractère, occupe toujours une position différente sur la grande portée de onze lignes, mais qu'elle ne prend jamais que cinq lignes de cette portée, en conservant la clé qui indique son diapazon.

La clé d'*ut* seule, au contraire, reste immobile, invariable ; elle conserve sa place : c'est la voix qui baisse chaque fois d'une tierce, et c'est là ce qui pourrait faire croire que la clé monte chaque fois d'une ligne.

Après le contralto vient la première voix d'homme, le *ténor léger*. Celle-ci baissant encore d'une tierce sur la précédente, semblera faire monter la clé d'une ligne, et la clé d'ut sera placée sur la 3ᵉ ligne. Exemple :

TÉNOR LÉGER

Clé d'**UT** 3e ligne

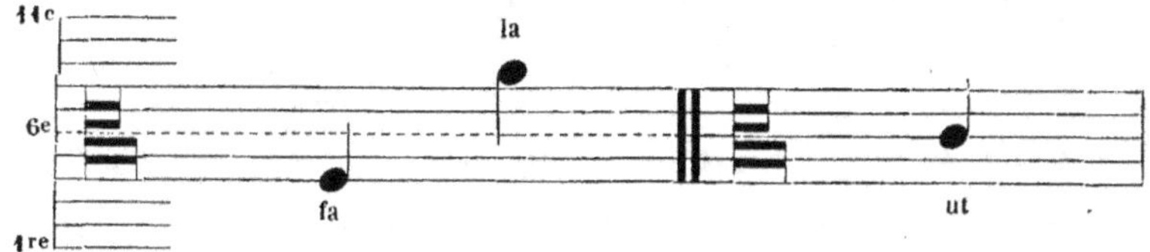

La voix qui succède au ténor léger, appelée *ténor grave*, suit une marche analogue à celles qui précèdent; elle baisse d'une tierce sur le ténor léger, perd dans le haut trois lignes de la grande portée, et gagne le même nombre dans le bas pour compléter les cinq lignes qui lui sont nécessaires. La clé d'*ut* semble monter à la quatrième ligne. Exemple :

TÉNOR GRAVE

Après le ténor grave, se présente le *baryton*, qui baisse d'une tierce sur le premier. La clé monte ici jusqu'à la 5e ligne; mais comme on a trouvé que le signe caractéristique du diapason de cette voix était placé trop haut sur la portée, il a été remplacé par un autre appelé clé de *fa*, qui a été mis sur la 3e ligne. Exemple :

BARYTON

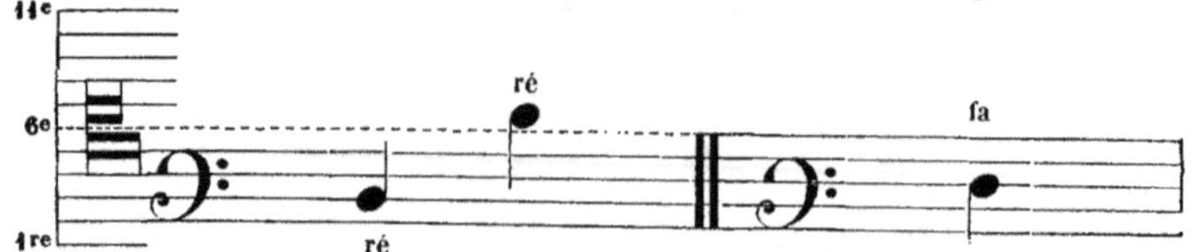

Enfin, la voix qui suit le baryton est la plus grave de toutes les voix d'homme; elle se nomme *basse*. Elle perd la ligne de la clé d'*ut*, et gagne la 1re de la grande portée. Alors la clé de *fa* 3e ligne de la voix de baryton se trouve sur la 4e ligne de cette nouvelle portée. Exemple :

BASSE

Par les démonstrations successives qui précèdent, on a vu que la clé d'*ut*, placée sur la 6e ligne de la portée de Gui d'Arrezzo, est invariablement restée à la même place, que chaque fois c'est la voix nouvelle qui baisse sur la précédente, ce qui en apparence, semble faire déplacer la clé d'*ut* sur les quatre premières lignes.

RÉSUMÉ

GRANDE PORTÉE DE ONZE LIGNES

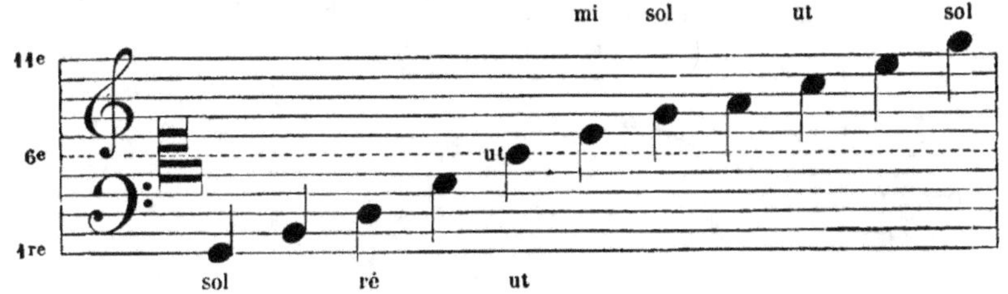

SOPRANO LÉGER OU 1er DESSUS

Clé de **SOL** pour voix de femme la plus aiguë.

MEZZO SOPRANO OU 2e DESSUS

Clé d'**UT** 1re ligne, pour voix de femme plus basse d'une tierce
que la précédente.

CONTRALTO

Clé d'**UT** 2e ligne, pour voix de femme plus basse d'une tierce
que la précédente.

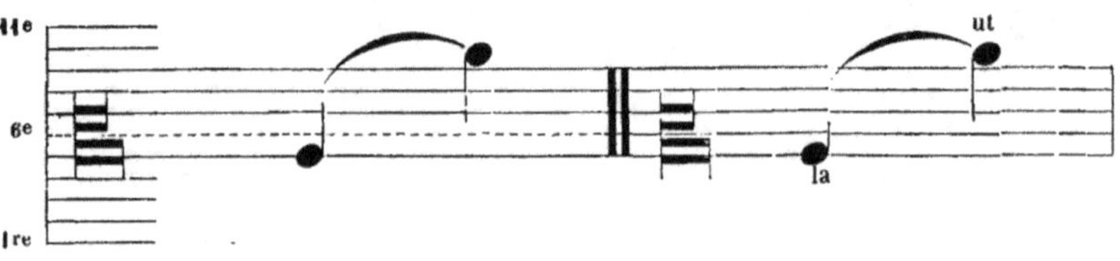

TÉNOR LÉGER

Clé d'**UT** 3e ligne, pour voix d'homme la plus aiguë
et plus basse d'une tierce que la précédente.

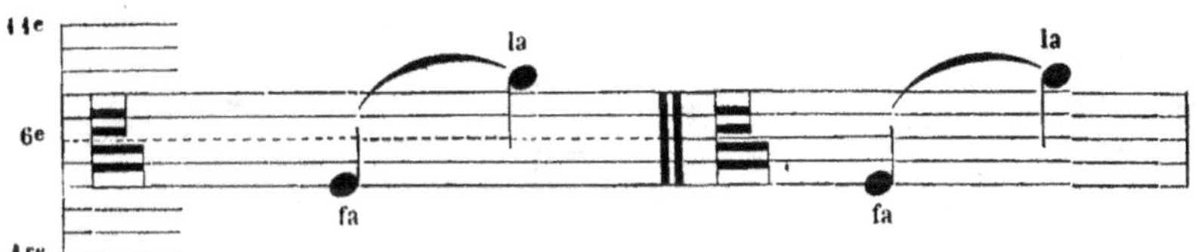

TÉNOR GRAVE

Clé d'**UT** 4e ligne, pour voix d'homme plus basse d'une tierce
que la précédente.

BARYTON

Clé d'**UT** 5e ligne, remplacée par la clé de **FA** 3e ligne, pour voix d'homme
et plus basse d'une tierce que la précédente.

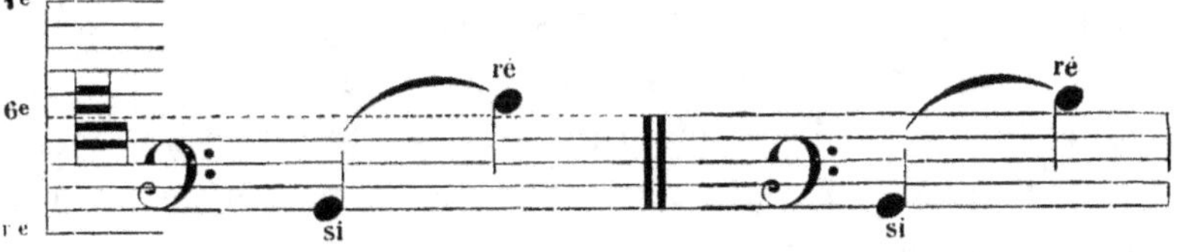

BASSE

CHAPITRE XXIII

DE LA TRANSPOSITION

Parmi les difficultés pratiques de la musique, on peut
mettre au premier rang celles de la transposition.

Bien qu'aujourd'hui l'étude de la musique vocale et
instrumentale ait pris un développement considérable,
qu'un assez grand nombre de personnes y acquièrent une
certaine force, et parfois même arrivent à la réputation,
l'étude de la transposition n'est abordée cependant que
par un très-petit nombre de musiciens. Cet abandon si
regrettable, cette négligence si extraordinaire à l'égard
d'une étude qui offre des avantages réels et importants,
ne peut trouver d'explication que dans la difficulté même
que l'on rencontre au début de cette partie sérieuse d'un
art d'agrément.

Nous avons eu plusieurs fois déjà l'occasion de signaler divers moyens employés pour abréger l'écriture de la musique : nous pouvons dire, en passant, que la transposition elle-même, malgré l'effroi qu'elle cause, n'est autre qu'un moyen très-rapide de simplification.

Si l'on voulait, par exemple, chanter ou exécuter, dans les douze tons donnés par la gamme chromatique, un morceau quelconque de musique, il faudrait écrire ce morceau douze fois, c'est-à-dire une fois pour chaque ton ; il en résulterait une perte de temps considérable, et parfois même une difficulté invincible. La transposition est l'art de faire ces douze changements avec le secours unique d'une seule notation.

Nous allons faire connaître et essayer de vaincre les difficultés qui accompagnent les moyens connus de transposition.

Transposer, nous le répétons, c'est chanter ou exécuter, dans tous les tons possibles, un morceau de musique écrit dans un seul ton.

Il ne faut pas confondre la *transposition* avec la *modulation*, quoique tout d'abord ces deux branches de l'art semblent avoir entre elles une lueur d'analogie.

Nous reviendrons sur la modulation ; occupons-nous d'abord de la transposition.

Dès que l'élève est familiarisé avec la clé de *sol*, il doit passer aussitôt à l'étude de la clé de *fa, quatrième ligne*. A ce moment, il est fort utile de lui faire remarquer que les deux notes extrêmes de tout intervalle *impair*, c'est-à-dire que les notes extrêmes de la *tierce*, de la *quinte* et de la *septième*, se trouvent placées identiquement sur les lignes ou sur les interlignes de la portée, abstraction faite du degré d'élévation. Pour explication plus complète, on peut dire que la note grave de ces intervalles impairs se trouvant sur une ligne ou sur un interligne, la note aiguë se trouvera infailliblement aussi sur une ligne ou sur un interligne. Exemple :

En mettant en présence la notation partielle de la gamme d'*ut*, clé de *sol*, et la notation partielle de la même gamme, clé de *fa*, *quatrième ligne*, on remarque que les notes de la clé de *fa*, *quatrième ligne*, se présentent toujours à une tierce au-dessous de celles de la clé de *sol*, et l'observation précédente peut conduire à la comparaison rapide de ces deux clés.

Maintenant, supposons que l'on déplace, sur la portée clé de *fa*, *quatrième ligne*, la cinquième ligne pour la transporter en dessous et en faire la première de la portée, la notation est évidemment rentrée dans la portée de la clé de *sol*. Exemple :

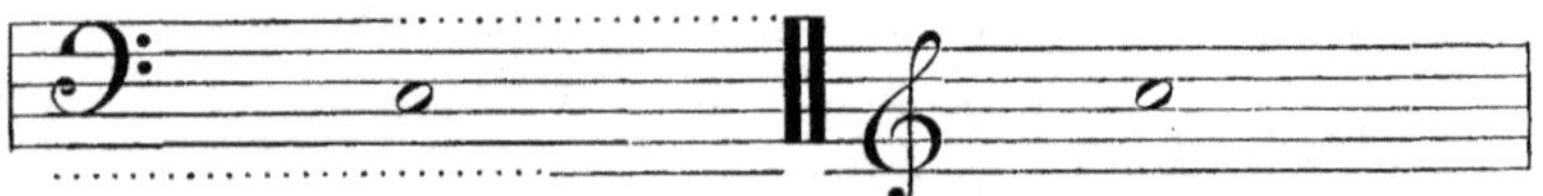

Est-il nécessaire de dire que les points indiquent ici la ligne qui a permuté ?

Cette permutation de ligne, cette première transposition conduit instantanément à toutes les autres. Il suffit donc, pour acquérir promptement l'habitude de la clé de *fa*, de transposer par la pensée une seule ligne de la portée : toutes les notes se présentent alors avec la notation précise que leur impose la clé de *sol*, clé qui nous est connue.

En répétant cet exercice, on apprendra rapidement à *transposer à la tierce au–dessus.*

Pour transposer à la tierce au - dessous, il suffira de permuter la première ligne de la clé de *sol*, et d'en faire la cinquième, en conservant la clé de sol. Avec ces deux exercices, on arrive aisément à la transposition par tierce au - dessus et au - dessous.

Dès que l'on possède ces deux clés (*sol* et *fa*), on doit s'exercer à lire les notes une *seconde au - dessus*, de telle sorte qu'en voyant *ut* on lise *ré*, en voyant *ré* on lise *mi*, etc., etc. ; on doit s'habituer ensuite à lire une *seconde au - dessous*, *si* pour *ut*, *la* pour *si*, etc.

L'expérience nous a démontré que la répétition suffisante de ces exercices conduit infailliblement à des résultats prompts et certains. La lecture et l'appellation conventionnelle des notes ne constituent point une difficulté sérieuse ; l'usage nous a prouvé que de jeunes enfants en triomphent très-aisément.

Or, connaissant parfaitement la clé de *sol* et la clé de *fa*, étant en outre familiarisé avec la *lecture par seconde* et *par tierce*, à l'aide des moyens que nous venons d'indiquer, enfin avec la connaissance parfaite de toutes les gammes et de toutes les armures, on transposera avec facilité dans tous les tons, ainsi que nous allons le démontrer.

1° Pour transposer d'une *seconde majeure* au-dessus, il suffira de donner à chaque note le nom de celle qui la suit immédiatement dans la gamme diatonique, et d'armer mentalement la clé :

Par exemple, *ut, mi, fa, sol,* gamme d'*ut,* transposés d'une seconde majeure, deviendront *ré, fa, sol, la,* avec deux dièses à l'armure.

2° Pour transposer à la *tierce au-dessus,* il suffira d'appliquer l'exercice de la transposition par tierce au-dessus, c'est-à-dire de transporter par la pensée la cinquième ligne en dessous, de manière à retrouver la notation de la clé de *sol,* ce qui donnera évidemment la clé de *fa, quatrième ligne,* d'où il résulte que pour la transposition à la tierce au-dessus d'un morceau en clé de *sol,* on lira la clé de *fa, quatrième ligne.* Il faut toujours armer la clé.

L'exemple ci-dessus devient *mi, sol, la, si,* avec quatre dièses à l'armure.

3° Pour transposer à la *quarte au-dessus,* on remplace mentalement la clé de *sol* par la clé de *fa,* et on lit les notes à la *seconde au-dessus,* la clé étant toujours armée.

L'exemple ci-dessus devient *fa, la, si, ut,* avec un bémol à l'armure.

4° Pour transposer à la *quinte au-dessus*, il suffira de transposer à la *quarte au-dessous*, car la quinte renversée donne la quarte.

Nous allons donc nous occuper des transpositions au-dessous :

1° Pour transposer à la *seconde au-dessous*, il faut lire une seconde au-dessous, et armer la clé.

L'exemple cité deviendra *si, ré, mi, fa*, avec deux bémols à l'armure.

2° Pour transposer une *tierce au-dessous*, il suffira d'enlever la première ligne pour en faire la cinquième, et d'armer la clé.

L'exemple *ut, mi, fa, sol*, devient *la, ut, ré, mi*, avec trois dièses à l'armure.

3° Pour transposer à la *quarte au-dessous*, on remplace la clé de *sol* par la clé de *fa ;* on lit une *tierce au-dessus*.

L'exemple devient *sol, si, ut, ré*, avec un dièse à l'armure.

Quant aux transpositions à la *sixte au-dessus*, à la *septième au-dessus*, elles sont évidemment les mêmes que les transpositions à la *tierce au-dessous*, à la *seconde au-dessous*, et réciproquement.

La transposition à l'*octave* est la plus facile de toutes ; elle n'exige aucun changement ni dans l'appellation des notes, ni dans l'armure de la clé ; ce n'est pas, à proprement parler, une transposition.

Tout ce que nous venons de dire à l'égard de la transposition, s'applique spécialement à la clé de *sol*. Examinons les transpositions relatives à la clé de *fa*, transpositions nécessaires pour la lecture de la musique de piano.

La clé de *fa* et la clé de *sol* se prêtant un mutuel secours, les moyens de transposer sur ces deux clés doivent être inverses.

1° La transposition à la *seconde au-dessus*, avec armure nouvelle à la clé.

2° La transposition à la *tierce au-dessus*, avec armure, se fait en changeant la cinquième ligne en première, et lisant alors avec la même clé.

3° La transposition de la *quarte au-dessus* se fait en

changeant mentalement la clé de *fa* en clé de *sol*, et en lisant les notes à la tierce au-dessous.

Pour les transpositions au-dessous :

1° *Seconde au-dessous.* Lire en changeant le nom des notes et en armant la clé.

2° *Tierce au-dessous.* Appliquer la clé de *sol* et changer l'armure.

3° *Quarte au-dessous.* Appliquer la clé de *sol*, et lire à la seconde au-dessous.

Dans tous ces exemples la notation n'est pas en rapport avec l'armure. L'élève doit mentalement rétablir ce rapport.

Nous allons indiquer maintenant quelques simplifications qui faciliteront la transposition pour les tons dont l'armure ne se compose pas de plus de deux signes.

1° *Seconde mineure au-dessus*, pour le ton d'*ut*, de *sol*. de *fa*, de *ré*, de *si bémol*.

Lire les mêmes notes en les diésant toutes.

2° *Seconde mineure au-dessous*, pour les mêmes tons.

Lire les mêmes notes, en les bémolisant toutes.

Au delà de ces armures, il serait trop difficile de lire les *doubles-dièses* et les *doubles-bémols ;* il faut recourir alors aux principes que nous avons indiqués pour la transposition de la *seconde*.

3° *Tierce au-dessus*, pour le ton de *ut*, clé de *sol*.

Lire avec la clé de *fa ;* armer de *quatre dièses* pour le ton de *mi*, ou de *trois bémols* pour le ton de *mi bémol*.

L'usage et l'expérience enseigneront les autres simplifications.

En effectuant les diverses transpositions indiquées ci-dessus avec les clés de *fa* et de *sol*, on arrive progressivement et sans s'en douter, à lire toutes les autres clés, c'est-à-dire, la clé d'*ut* aux quatre positions ainsi que la clé de *fa* 3ᵉ ligne, lesquelles apparaissent surtout dans la musique ancienne, et dans les grandes partitions.

Pour la connaissance de ces clés, il faut recourir à la démonstration faite ci-dessus, pages 140 et suivantes.

Prenons pour exemple un morceau en *ut*, écrit avec la clé de *sol*, qu'on veut transposer d'une *seconde mineure au-dessous*.

Nous indiquerons deux moyens pour effectuer cette transposition :

1° Jouer le morceau en *ut bémol,* avec sept bémols à la clé ;

2° Le lire une *seconde au-dessous*, en changeant l'armure.

Dans ce dernier cas *ut* devient *si* avec cinq dièses à la clé.

Or, la clé d'*ut*, *quatrième ligne*, donne le *si* dans le

troisième interligne, c'est-à-dire dans l'interligne où se trouve l'*ut* de la clé de *sol*. Il en résulte que, lorsqu'on transpose une notation clé de *sol* d'une *seconde au-dessous*, on lit naturellement les notes de la clé d'*ut*, *quatrième ligne*.

Il en serait de même pour les trois autres positions de la clé d'*ut*.

. Par exemple, quand on lit la clé de *sol* à la *seconde au-dessus*, on lit la clé d'*ut*, *troisième ligne*.

Quand on lit la clé de *fa*, *quatrième ligne*, en transposant les notes à la *seconde au-dessus*, on lit la clé d'*ut*, *deuxième ligne*.

Quand on lit la clé de *sol*, en transposant les notes à la *tierce au-dessous*, on lit la clé d'*ut*, *première ligne*.

Enfin, quand on lit la clé de *fa*, *quatrième ligne*, en transposant les notes à la *tierce au-dessus*, on lit la clé de *fa*, *troisième ligne*.

L'étude particulière de ces clés, par les moyens en usage jusqu'ici, est aride, longue, et difficultueuse à l'excès; puis, après beaucoup de peine et d'ennui, il faut encore avoir recours à des exercices journaliers si l'on ne veut pas perdre promptement le fruit d'un travail pénible; tandis qu'on se souvient toujours de la clé de *sol* et de celle de *fa*, à cause de leur fréquente apparition dans la musique moderne. La lecture des clés dont nous proscrivons l'étude, présente, en outre, des difficultés, pour ne pas dire des impossibilités si l'on monte ou si l'on descend aux lignes supplémentaires.

Tous les principes de la transposition s'appliquent aussi bien au mode mineur qu'au mode majeur.

Les moyens que nous indiquons pour la pratique de la transposition conduisent aux conséquences suivantes :

La connaissance de deux clés (*fa* et *sol*) suffit pour passer d'une tonalité quelconque dans une autre.

La lecture par secondes et par tierces conduit à toutes les transpositions possibles, par quartes, par quintes, etc.

La substitution d'une clé à une autre n'indique pas le diapason d'une gamme, la véritable région des sons ; la clé nouvelle ne fait que prêter le secours de sa notation à la lecture musicale. Par exemple, pour transposer à la tierce au-dessus un morceau noté en clé de *sol,* on applique la clé de *fa, quatrième ligne;* or, cette transposition à la tierce porte les notes dans une région plus haute, pendant que la clé dont on s'est servi était primitivement destinée à classer les sons dans une région plus basse.

CHAPITRE XXIV

DE LA MODULATION

La *modulation* consiste à faire passer les phrases de la mélodie, et par suite de l'harmonie, dans des tons et des modes différents, de manière à revenir toujours au ton et au mode d'où l'on est parti.

Ce passage, comme nous le verrons tout à l'heure, ne peut s'effectuer d'une façon arbitraire.

Ce qui distingue la *modulation* de la *transposition*, c'est que la première n'entraîne pas, comme la seconde, un chant tout entier dans un autre ton, même dans un ton très-éloigné ; elle ne fait qu'influer sur quelques phrases, et conduit le plus souvent à un chant nouveau, en employant, avec un ordre de succession réglé par des lois, les tons les plus rapprochés de celui dans lequel on a commencé, puis de celui où l'on se trouve momentanément conduit.

Le cadre dans lequel nous nous sommes proposé de renfermer ce traité élémentaire, ne nous permet pas d'entrer dans de grands développements à l'égard de la modulation ; nous ferons néanmoins entrevoir combien notre formation des gammes, ainsi que l'explication que nous avons donnée sur le rôle de chacune des notes, peuvent être d'un grand secours dans une partie de la musique où l'oreille est le seul guide qu'on puisse prendre. Dans la modulation, l'art ne peut que seconder la nature, et tout est soumis au caprice ou au goût du compositeur.

Le passage d'un ton dans un autre ne peut avoir lieu, directement et sans intermédiaire, que lorsque les deux tons sont relatifs entre eux.

On appelle tons *relatifs*, deux tons dont les gammes ont au moins six notes semblables ; mais lorsque deux gammes sont relatives, leurs accords parfaits sont également relatifs, et c'est par ces accords même que cette relation se trouve exprimée.

Ainsi, *ut naturel majeur* et *la naturel mineur* sont deux tons relatifs, parce que les gammes de ces tons ne diffèrent que par le dièse accidentel qui affecte le *sol* dans la gamme mineure.

Ainsi, *ut naturel majeur* et *sol naturel majeur*, sont deux tons relatifs, parce que les gammes de ces deux tons ne diffèrent entre elles que par le dièse qui affecte le *fa* dans la seconde gamme.

Il en est de même des tons d'*ut naturel majeur* et de *fa*

naturel majeur, dont les gammes ne diffèrent entre elles que par un *si bémol*.

Il en est encore de même des tons de *sol naturel* avec *ré naturel majeur*, etc.

Dans l'harmonie, on admet d'autres relatifs, qu'on appelle *relatifs de seconde classe ;* et l'on dit, en principe, que toute gamme majeure a *cinq* relatifs, trois de première classe (ceux que nous venons d'indiquer), et deux de seconde classe, qui sont les tons mineurs relatifs des tons majeurs de la quarte et de la quinte [1].

Ainsi, en prenant toujours le ton d'*ut majeur* pour exemple, que nous appellerons *ton principal*, on trouve pour tous ses relatifs :

Sol majeur, quinte, un # à l'armure.
Fa majeur, quarte, un ♭ à l'armure. } 1re classe.
La mineur, sixte, un # accidentel à la
   note sensible.

Ré mineur, seconde, un ♭ à l'armure
   et un # à la note sensible. } 2e classe.
Mi mineur, tierce, un # à l'armure
   et un # à la note sensible.

Ou, plus simplement :

Sol majeur.
Fa majeur. } 1re classe.
La mineur.

Ré mineur. } 2e classe.
Mi mineur.

1. Il existe encore d'autres relatifs. Le cadre d'un traité élémentaire ne nous permet pas d'entrer plus avant dans cette partie des modulations dont nous n'avons fait qu'indiquer les principes fondamentaux.

Ainsi le *majeur* et le *mineur* du même ton sont relatifs de première

La gamme *mineure* n'a que quatre relatifs, deux de première classe, et deux de seconde classe.

Prenons pour exemple le ton de *la mineur*. Les tons relatifs sont :

Ut majeur, tierce.   }   1re classe.
Fa majeur, sixte.   }

Ré mineur, quarte.   }   2e classe.
Mi mineur, quinte.   }

De la comparaison des deux modes, on tire la conséquence suivante, savoir : que dans le majeur les tons relatifs de la tonique, de la quarte et de la quinte, sont mineurs, tandis que, dans le mineur, les mêmes relatifs sont majeurs. Exemple :

La majeur (3 ♯) a pour relatifs :

De la tonique *la*   *fa* ♯ *mineur.*
De la quinte *mi*   *ut* ♯ *mineur.*
De la quarte *ré*   *si mineur.*

La mineur (sans signe à l'armure) a pour relatifs :

De la tonique *la*   *ut majeur.*
De la quinte *mi*   *sol majeur.*
De la quarte *ré*   *fa majeur.*

Nous voyons, en outre, que dans les deux modes les relatifs sont la *tierce*, la *quarte*, la *quinte* et la *sixte ;* la *seconde* appartient au majeur seulement.

L'absence de la note sensible est facile à expliquer. Cette note ne peut pas être la tonique d'un relatif, parce que sa quinte est toujours une *quinte diminuée*, et que l'accord parfait ne peut être formé qu'à l'aide d'une *quinte juste.*

classe ; les dominantes, sous-dominantes et sus-dominantes de chaque gamme majeure sont, entre elles, des relatifs de deuxième classe, etc.

C'est même à cause de cette quinte diminuée, que le mode mineur a un relatif de moins que le majeur. La *seconde*, dans la gamme mineure, n'a pas la *quinte juste*.

Ceci posé, l'oreille admet la brusque transition d'un ton quelconque dans un de ses relatifs de première classe, tandis qu'elle exige un intermédiaire pour passer du même ton à l'un de ses relatifs de seconde classe. La recherche de cet intermédiaire, qui est un accord particulier, est du ressort de l'harmonie.

On conçoit, d'après les observations qui précèdent, qu'une mélodie (un chant), en partant, par exemple, d'*ut majeur*, ton principal, passe dans le ton de *sol*, relatif du ton principal, puis dans le ton de *ré majeur*, relatif du premier relatif, fasse un retour au ton de *sol*, joue un moment avec le ton *mineur* relatif de *sol*, revienne encore au *sol*, et rentre dans le ton principal d'*ut*, d'où elle peut repartir vers le *la mineur*, autre relatif du ton d'*ut*, et de relatif en relatif, avançant ou reculant régulièrement, se promener dans tous les tons possibles, avant de se fixer enfin au ton principal, dans lequel elle est forcée de terminer son voyage capricieux.

Quoique la note sensible ne devienne jamais la tonique d'un ton de passage, elle joue néanmoins un rôle important dans la modulation. On sait que cette note tend sans cesse à se résoudre sur la fondamentale ; de sorte que, après la tonique, elle doit être considérée comme la plus caractéristique des sept notes. Or, c'est à cette tendance toute particulière de la sensible qu'on doit les intermédiaires, les accords qui peuvent servir à passer d'un ton quelconque dans un de ses relatifs de seconde classe, et même dans un ton plus éloigné.

Avec ce nouveau secours, la modulation s'exerce dans un champ plus vaste et s'y développe plus rapidement. Combien de mélanges de tons surprennent et charment par la hardiesse, par l'imprévu de certains passages harmoniques !

Le *triton* (quarte augmentée), c'est-à-dire la note sensible, entendue simultanément avec la quarte (chapitre des intervalles), forme l'intermédiaire le plus direct et le plus usité pour passer d'un ton à ses relatifs de seconde classe. Ainsi, entre les accords *ut mi sol ut*, ton principal pris pour exemple, et *ré fa la ré*, ton relatif mineur de seconde classe, il faut, pour que l'oreille soit satisfaite, faire entendre le triton du relatif, le triton de la gamme de *ré mineur*, lequel est *sol ut* ♯; on ajoute, pour complément d'harmonie, la quinte inférieure de *ré*, c'est-à-dire *la*. L'*ut* ♯ (note sensible) se résout sur le *ré*, ainsi que la quinte *la* :

On peut appliquer le triton au passage d'un ton quelconque dans un ton non relatif. Par exemple, si l'on voulait aller du ton de *si* au ton d'*ut*, on remarquerait que dans l'accord parfait majeur

si   *ré* ♯   *fa* ♯   *si*

la tonique *si* peut être considérée comme la sensible du ton d'*ut*. En prenant le triton *fa si*, et en ajoutant la quinte *sol*, on fait un accord qui se résout sur *ut*.

Comme on le voit, les règles, ou plutôt les observations que l'on peut appliquer à la modulation, sont nombreuses et complexes; elles exigeraient de grands développements; mais celles qui ont rapport à la succession des tons relatifs, surtout à la succession des relatifs de première classe, sont, quoique les plus simples, les plus fécondes et les plus naturelles.

Nous ne finirons pas ce chapitre sans dire un mot des tons *homonymes*.

Nous savons qu'on appelle *homonymes*, les tons dont la tonique est la même note : l'armure peut être différente :

la majeur, *la* ♮ majeur.

Or, il peut arriver que l'on désire moduler par tons homonymes; c'est pourquoi il est souvent utile de connaître la différence des armures.

Par exemple, *la* majeur a trois dièses, et *la* ♮ majeur quatre bémols : ce qui donne sept signes en additionnant les deux armures.

Sol a un dièse, *sol* ♮ a six bémols : ce qui donne encore sept signes au total.

Il en serait de même pour tous les autres tons. Ce chiffre 7 est invariable; de sorte qu'en partant d'un ton donné, il est facile de connaître instantanément l'armure du ton homonyme dans lequel on veut entrer.

Dans les armures simples, l'homonymie n'a lieu que de dièse à bémol, ou de bémol à dièse. Dans les armures composées, la recherche des armures entraînerait à des calculs trop longs ou trop compliqués.

La connaissance parfaite des gammes conduit rapidement à la détermination de leurs armures , et devient encore une des ressources de la modulation. Nous renvoyons à l'*Appendice* qui termine cet *Essai.*

CHAPITRE XXV

DES INSTRUMENTS ET DU DIAPASON

La voix humaine, prise dans l'étendue que lui a donnée la nature, peut être considérée comme l'instrument le plus parfait. En effet, tous les sons possibles, soit dans leur justesse première , soit avec les modifications qu'on leur fait subir, sont, dans une certaine limite, produits ou reproduits par l'organe vocal. Aussi cet organe a-t-il été appelé *omnitone.* Il prend la tonique à un degré quelconque de l'échelle musicale ; il se prête à toutes les délicatesses de l'enharmonie.

Tour à tour violon , hautbois , flûte , cor , le larynx humain n'est pas plus un instrument à vent qu'un instrument à corde ; c'est un instrument particulier, l'instrument par excellence , lequel semble participer de tous les autres, mais qu'aucun autre ne peut imiter complétement.

Cet instrument compliqué se compose des poumons , du larynx , de la glotte , de l'épiglotte, du gosier, de la bouche et des fosses nasales. Nous renvoyons, pour la description de cet admirable appareil, aux livres des physiciens ou des anatomistes.

Au chapitre de l'Origine des clés, nous avons distingué et classé toutes les espèces de voix ; nous ne reviendrons pas sur cet intéressant sujet.

Lorsqu'une voix d'homme et une voix de femme font entendre ensemble le même air, la même phrase, elles se marient si intimement qu'on les croit à l'unisson ; il y a pourtant entre elles, sauf des cas assez rares, la distance de huit tons, c'est-à-dire la distance d'une gamme. Serait-ce cette particularité musicale qui a donné l'idée première de l'octave ?

Lorsque la voix émet un son, elle lui imprime un accent caractéristique qui vient probablement des consonnes. On ne connaît pas exactement l'effet produit par cette accentuation sur les ondes aériennes, mais on sait que la transmission s'opère et arrive avec modification jusqu'à l'organe de l'ouïe.

L'exercice et l'habitude font acquérir à ce dernier organe une sensibilité extraordinaire qui, en retour, exige de l'organe vocal une justesse imperturbable et des nuances infinies.

Comme on ne rencontre pas, dans la nature, un son fixe, déterminé, absolu, auquel on puisse comparer tous les autres, on a essayé de suppléer à cette lacune en inventant le *diapason*. Ce petit instrument, que nous ne décrirons pas, parce qu'il est connu de tout le monde, fait entendre un *la* de convention, lequel *la* varie quelquefois suivant les pays, suivant les époques, et même suivant l'état de l'atmosphère. Néanmoins, quelque imparfait que soit cet instrument, il a servi de terme de comparaison pour classer les tons de la voix humaine ainsi que ceux des instruments ; il a donné le moyen de faire accorder ces voix avec ces instruments; enfin, il a déterminé par des sons plus ou moins mobiles, mais ayant des relations fixes, le sens musical des mots : *ut, ré, mi, fa, sol, la, si, ut.*

Au moyen du diapason, le compositeur peut indiquer le degré de hauteur à laquelle il désire que ses œuvres soient interprétées.

Il est probable, il est certain même que les instruments n'ont été inventés que pour imiter ou accompagner la voix. Les conditions physiques de la tonalité dépendent, dans les instruments à cordes, de la nature, de la longueur, du volume et de la tension de ces cordes; dans les instruments à vent, de la dimension de l'orifice et de celle du tube, ainsi que de la tension des parois.

Quelques-uns de ces instruments sont à tons fixes, par exemple, l'orgue, la harpe, le piano, la flûte; ils ne peuvent donner les demi-tons chromatiques que par approximation, que par suite d'un moyen terme dont nous avons parlé, et qu'on appelle *tempérament;* ils sont rebelles à toute espèce d'enharmonie. Mais au lieu d'imposer à ces instruments sa justesse rigoureuse et sa variété naturelle, la voix humaine se soumet à leurs imperfections.

CHAPITRE XXVI

DE L'EXÉCUTION

En musique, pour bien exprimer ce qu'on a pensé, pour bien interpréter les idées d'un compositeur, pour bien exécuter, en un mot, il faut :

1° Être familiarisé avec l'écriture musicale, avec les abréviations usitées et avec les signes conventionnels ;

2° Faire sentir régulièrement la mesure, avec ses temps forts et ses temps faibles, avec le rhythme qui convient ;

3° Observer le mode et l'armure ;

4° Savoir transposer au besoin.

Voilà pour ce qui regarde la *lecture* musicale.

Quant à la *déclamation* musicale, elle dépend, non-seulement de la lecture elle-même, non-seulement du mouvement imprimé suivant certaines indications et des nuances obligées convenablement traduites, mais encore de l'intelligence et du goût du musicien. C'est cette déclamation qui fait distinguer l'artiste véritable de l'amateur ordinaire, l'interprète inspiré du traducteur prosaïque. D'excellents conseils peuvent conduire à cette voie difficile de l'art ; mais, en général, elle est indiquée par la nature.

Volontairement ou involontairement, sciemment ou non, tout le monde se sert plus ou moins de cette déclamation révélée et révélatrice, depuis le simple berger de la montagne, qui fredonne mélancoliquement quelque refrain de son pays, jusqu'à la première chanteuse de l'Opéra, qui fait comprendre à la foule émerveillée les idées et les sentiments des plus sublimes compositeurs.

Citons, pour terminer, l'aventure arrivée chez Grétry. Un homme de lettres, connu pour nier constamment la possibilité de noter toutes les inflexions de la parole,

rendait visite au célèbre musicien. En entrant, il dit, avec
un petit ton de protection :

Bonjour, Monsieur.

Grétry prit du papier, écrivit et exécuta :

L'homme de lettres fut, dit-on, converti.

Cette anecdote prouve l'existence d'une mélodie *imi-
tative*, qui reproduit, jusqu'à un certain point, les intonations multiples du langage parlé, et, à plus forte raison,
par suite d'analogie, la prosodie et le rhythme de la
poésie. C'est de cette sorte de mélodie que vient le
récitatif, dont les courtes phrases peuvent être consi-
dérées comme des vers déclamés en musique.

On conçoit, du reste, qu'en imitant la nature, la musique, de même que la peinture, ajoute quelque parure à
la vérité, et ne se borne pas à copier servilement.

La voix chevrotante du vieillard donnera une autre
tonalité, un autre rhythme, une autre nuance, que la voix
large et pure d'une jeune fille ; une marche funèbre
aura nécessairement une autre expression qu'une prière
ou qu'un chant d'espoir.

L'*exécution* doit obéir au sentiment imprimé à la mélodie et s'efforcer d'y entrer de tout son pouvoir. Mouvement, nuances, rhythme, douceur ou force, sens
intentionnel, en un mot, voilà le caractère essentiel de
la déclamation musicale.

Même dans la mélodie idéale, on retrouve un caractère d'imitation. L'ensemble de cette mélodie est ordinairement subordonné à un sujet principal qu'on appelle *motif*. Quand le caprice a improvisé une phrase, le musicien semble jouer avec cette phrase, et ne l'abandonner un moment que pour y revenir avec plus de plaisir. Ce motif est le dessin sur lequel s'applique le coloris; c'est mieux encore : c'est une idée vague et sonore, dont la voix, dont un instrument s'est emparé, et qui semble se répéter d'écho en écho avec une grâce nouvelle, mais aussi avec d'imitatives traductions.

FIN

APPENDICE

JEU DES GAMMES

Nous allons enseigner l'usage du *Jeu des gammes* annexé à cet *Essai*.

La formation des gammes au moyen de deux tétracordes symétriques est si facile à comprendre, qu'on pourrait à la rigueur en donner une explication convenable en se servant de la portée ordinaire et de la notation connue. Néanmoins, ce qui paraît simple à l'esprit d'une personne intelligente, l'est moins ou cesse de l'être à celui d'un jeune élève. Il s'agit donc ici d'expliquer clairement pour tous :

1° *La position invariable des deux demi-tons, quelle que soit l'armure ;*

2° *La relation des gammes entre elles, ou l'ordre de génération de ces gammes.*

Dès qu'un enfant est initié aux principes élémentaires de l'écriture musicale, aux fonctions principales des signes accidentels, en un mot, à la solmisation de la gamme d'*ut* avec la clé de *sol*, on peut lui faire remarquer la contexture de cette gamme d'*ut*, ou gamme modèle, sa division en deux parties égales et identiques, et la place invariable des demi-tons. On doit lui enseigner, en principe, que :

Toute gamme majeure, quelle que soit la note par laquelle elle commence, c'est-à-dire quelle que soit sa tonique, a toujours, comme la gamme modèle, cinq tons et deux demi-tons : un demi-ton de la tierce à la quarte, *un second demi-ton* de la septième à l'octave.

Les notes de la gamme modèle :

do   ré   mi fa   sol   la   si do

sont écrites sur le Tableau synoptique ; entourées d'un cercle, elles sont disposées, par leur éloignement ou par leur rapprochement, dans l'ordre de contexture que présentent entre eux les rapports des huit sons harmoniques ; c'est-à-dire que le troisième cercle est plus rapproché du quatrième, et le septième du huitième. L'élève est donc averti par les yeux que les deux demi-tons se trouvent du *mi* au *fa*, et du *si* à l'*ut* (do).

Cette contexture est invariable, nous le répétons, et doit servir de modèle pour toutes les gammes. Cela doit être bien compris.

Quelle est donc la gamme qui puisse être formée le plus facilement après la gamme d'*ut ?* Ou plutôt, connaissant la gamme d'*ut*, comment trouver la gamme qui est dans le plus proche rapport de génération ?

Si, par exemple, on cache, à l'aide des mains ou d'un objet quelconque, une partie de la gamme modèle et qu'on ne laisse apparentes que les quatre notes suivantes :

.   ré   mi fa   sol   .   .   .

on demandera à l'élève s'il pense que ces notes puissent former le commencement ou le premier tétracorde d'une gamme majeure ?

L'élève s'apercevra bien vite que le demi-ton, placé entre *mi* et *fa*, se trouve de la seconde à la tierce, et non de la tierce à la quarte.

Si l'on cache les notes *do ré* et les notes *si do*, et qu'on répète la même question, l'élève remarquera que, dans les notes qui restent visibles

. . **mi fa sol la** . .

le demi-ton se trouve au début même de la gamme, entre la tonique et la seconde, et non de la tierce à la quarte.

L'impossibilité de former le premier tétracorde d'une gamme serait manifeste encore, si l'on ne laissait voir que

. . . **fa sol la si** .

Mais en ne laissant que les notes

. . . . **sol la si do**

alors tout change. Le demi-ton se trouve entre *si* et *do*, c'est-à-dire de la tierce à la quarte, et le tétracorde est régulier.

L'impossibilité se reproduirait pour les notes :

la si do ré

si do ré mi

parce que dans le premier cas, le demi-ton arrive entre *si* et *do*, c'est-à-dire de la seconde à la tierce, et que dans le deuxième il se présente au début même de la gamme.

Le *sol*, quinte d'*ut*, est donc la seule note qu'on puisse prendre pour tonique d'un tétracorde régulier formé avec une partie de la gamme d'*ut*.

L'élève choisira dans le casier les jetons sur lesquels sont figurées les notes *sol la si do*, et posera ces jetons sur les quatre premiers cercles correspondant parallèlement aux quatre premières notes de la gamme modèle.

On a donc trouvé la première moitié de la gamme de *sol*.

Pour achever cette gamme, posons, sur les quatre cercles qui restent, les notes *ré mi fa sol*.

On s'aperçoit aussitôt que ce tétracorde est irrégulier, puisqu'il n'y a pas de demi-ton entre *fa* et *sol*, et qu'au contraire il y en a un entre *mi* et *fa*.

L'élève n'aura qu'à se souvenir que le dièse a la propriété de hausser d'un demi-ton la note à laquelle on l'applique; et, ayant cherché dans le casier, il formera

ré　mi　fa sol

tétracorde tout à fait régulier. Du *mi* au *fa* #, il y a un ton; du *fa* # au *sol*, un demi-ton.

La gamme de *sol* est entièrement composée. Comme on le voit, cette gamme est en relation la plus proche avec la gamme d'*ut*.

Ainsi, après la gamme de *do*, vient la gamme de *sol*, avec un premier dièse à la clé, dièse qui affecte forcément le *fa*.

Si l'on opère sur la gamme de *sol* comme on a opéré sur la gamme de *do*, on arrive à démontrer que la gamme de *ré*, quinte de *sol*, est la seule gamme qu'il soit possible de former avec une portion de la gamme de *sol*; que cette gamme est la plus proche en relation avec la nouvelle génératrice; qu'elle amène deux dièses à la clé, et que ces deux dièses affectent forcément le *fa* et le *do*.

ré　mi　fa sol　(1er tétracorde)

la　si　do ré　(2e tétracorde)

ré　mi　fa sol　la　si　do ré　(gamme entière)

La gamme suivante aurait le *la*, quinte de *ré*, pour tonique, avec trois dièses à la clé : *fa* ♯ *do* ♯ *sol* ♯, etc.

En continuant de quinte en quinte, on arrive à trouver 12 dièses à la clé pour la gamme de *si* ♯ qui est la même que celle de *do* (enharmonique de *si* ♯).

Pour former les gammes avec bémols, il suffira de descendre les notes de la gamme modèle, et de faire observer à l'élève que le seul tétracorde régulier fourni par une portion de cette gamme, est celui de la *quarte* de *do*, ou de la *quinte inférieure* de *do*, c'est-à-dire de *fa* ; de sorte qu'on a, en descendant

$$\text{do} \quad \text{ré} \quad \text{mi} \quad \text{fa}$$

qui est un tétracorde régulier. Mais en continuant de descendre

$$\text{fa} \quad \text{sol} \quad \text{la} \quad \text{si}$$

on voit qu'on n'a pas de demi-ton entre *si* et *la*, à moins qu'on ne baisse le *si* par un *bémol*. Ce qui donne, pour la gamme entière de *fa*

$$\text{fa} \quad \text{sol} \quad \text{la si} \quad \text{do} \quad \text{ré} \quad \text{mi} \quad \text{fa}$$

Le premier bémol apparaît forcément sur le *si*.

En continuant, par analogie, on trouve la gamme de *si* ♭, quinte inférieure de *fa*, avec deux bémols à la clé, le *si* et le *mi*.

$$\text{si} \quad \text{do} \quad \text{ré} \quad \text{mi} \quad \text{fa} \quad \text{sol} \quad \text{la si}$$

et ainsi de suite, jusqu'à la gamme qui présente douze bémols.

On remarque, dans la formation des gammes, que le premier *bémol*, placé sur le *si*, affecte la note sur laquelle se place le dernier *dièse*. Voir à ce sujet le Chapitre XVII.

Le reste a été suffisamment expliqué dans le Chapitre de l'*Origine des Clés*.

Nous terminerons par le tableau des gammes majeures par quintes ascendantes, et celui des mêmes gammes par quintes descendantes.

FORMATION DES GAMMES

L'octave n'étant que la répétition de la tonique, il est bon de faire remarquer ici que chaque *dièse* à l'octave est sans valeur pour l'armure.

GAMME MODÈLE Aucun signe à la clé

do   ré   mi fa | sol   la   si do

LA mineur

GAMME DE SOL Un seul dièze à la clé

sol   la   si do | ré   mi   fa sol

MI mineur

GAMME DE RÉ   Deux dièses à la clé

ré   mi   fa   sol | la   si   do   ré

SI mineur

GAMME DE LA   Trois dièses à la clé

la   si   do   ré | mi   fa   sol   la

FA ♯ mineur

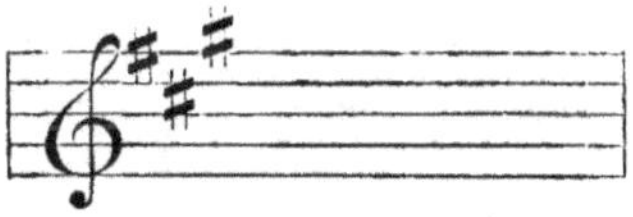

GAMME DE MI   Quatre dièses à la clé

mi   fa   sol   la | si   do   ré   mi

UT ♯ mineur

GAMME DE SI   Cinq dièses à la clé

si   do   ré   mi | fa   sol   la   si

SOL ♯ mineur

GAMME DE FA ♯   Six dièses à la clé

fa   sol   la   si | do   ré   mi   fa

RÉ ♯ mineur

GAMME D'UT ♯   Sept dièses à la clé

do   ré   mi   fa | sol   la   si   do

LA ♯ mineur

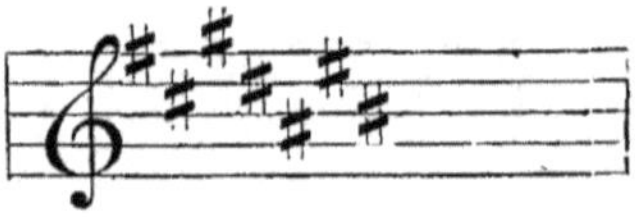

FORMATION DES GAMMES

PAR QUINTES DESCENDANTES

L'octave n'étant que la répétition de la tonique, il est bon de faire remarquer ici que chaque *bémol* à l'octave est sans valeur pour l'armure.

GAMME MODÈLE — Aucun signe à la clé

do ré mi‿fa | sol la si‿do

LA mineur

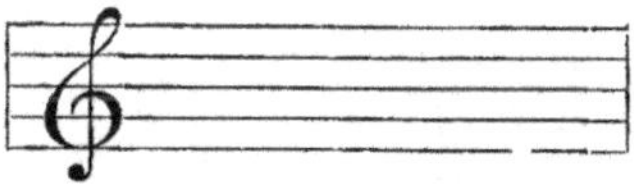

GAMME DE FA — Un seul bémol à la clé

fa sol la‿si♭ | do ré mi‿fa

RÉ mineur

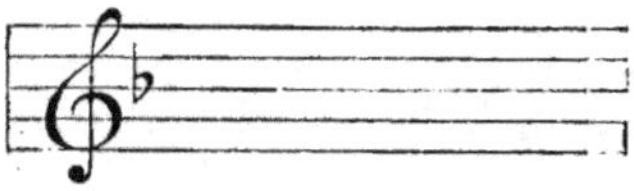

GAMME DE **SI** ♭   Deux bémols à la clé

si   do   ré   mi | fa   sol   la   si
♭   ♭   ♭

SOL mineur

GAMME DE **MI** ♭   Trois bémols à la clé

mi   fa   sol   la | si   do   ré   mi
♭   ♭   ♭   ♭

UT mineur

GAMME DE **LA** ♭   Quatre bémols à la clé

la   si   do   ré | mi   fa   sol   la
♭   ♭   ♭   ♭   ♭

FA mineur

GAMME DE **RÉ** ♭　　　　　Cinq bémols à la clé

GAMME DE **SOL** ♭　　　　　Six bémols à la clé

GAMME D'**UT** ♭　　　　　Sept bémols à la clé

TABLE

PARIS. — IMPRIMERIE DE J. CLAYE, RUE SAINT-BENOÎT, 7.

RÉPONSE

A MM.

AIMÉ PARIS ET ÉMILE CHEVÉ

AUTEURS DE LA MÉTHODE GALIN-PARIS-CHEVÉ

Messieurs ,

Un de mes amis me communique à la fois quatre numéros de votre journal *la Réforme musicale*, dont l'existence m'était complètement inconnue.

L'apparition et le succès de mon petit livre, à ce que je vois, vous ont mis fort en colère, et, comme tous les gens en colère, vous manquez absolument de logique et de politesse.

Je vous dirai tout d'abord que mon intention est bien moins de répondre à vos injures que de relever l'inexactitude de vos accusations; je n'ai pas l'habitude de discuter en appelant la violence à mon aide : je sais d'ailleurs que c'est un moyen trop sûr de mettre le bon droit du côté de son adversaire. Votre devise, dites-vous, est celle-ci : *logique, courage, loyauté, dévouement :* elle est bien ambitieuse; *vérité, modération et bon sens* sera la mienne; elle est plus modeste, et par cela même il me sera plus facile de ne pas m'en écarter.

Je n'ai pas l'honneur de vous connaître, Messieurs, pas plus l'un que l'autre; j'affirme que je ne vous ai jamais vus, que je n'ai jamais assisté à une seule de vos séances, et la personne qui a prétendu le contraire s'est trompée : voilà tout. Je regrette pour vous cette erreur, sur laquelle vous me paraissez avoir basé trop légèrement vos attaques contre ma méthode.

J'ai eu l'occasion de montrer mon *jeu des gammes* à une jeune personne, votre élève, et elle a été si frappée de la simplicité de ce système qu'elle voulait à toute force me mettre en communication avec son maître. Est-ce bien la même qui s'est exprimée sur mon compte en ces termes : « Oh! il n'est pas fort; il « a pris la théorie de l'école Galin-Paris-Chevé qu'il donne pour sienne; mais il n'a « ni exercice, ni rien en pratique. » J'en doute, M. Chevé; mais, dans tous les cas, à quels moyens en êtes-vous donc réduit pour être contraint d'appeler publiquement à votre aide d'aussi pauvres commérages?

Vous appelez mon petit livre *le plus audacieux de tous les plagiats* et *la plus mauvaise de toutes les actions.* Mon Dieu! Messieurs, nous sommes tous plus ou moins des plagiaires, et s'il y a dans mon ouvrage un élément nouveau, j'avoue humblement qu'il ressort de principes que ni vous ni moi n'avons inventés, de principes vieux comme le monde. Je n'ai assurément rien changé aux règles de la musique; je ne suis, sous ce rapport-là, ni un novateur, ni un révolutionnaire; j'ai voulu simplement rendre ces règles d'une application facile, les expliquer à l'élève dans un langage aussi clair que possible, les appuyer d'exemples capables de frapper en même temps les yeux et l'intelligence, en un mot m'écarter de la routine ordinaire. Il paraît que j'ai réussi; je n'en veux d'autre preuve que l'approbation toute flatteuse du Conservatoire, c'est-à-dire d'un comité formé de la réunion de nos sommités musicales (1), les nombreuses adhésions d'artistes et de gens compétents, les progrès de mes élèves, et par-dessus tout votre grande colère.

______

(1) Le Comité des études du Conservatoire compte au nombre de ses membres, MM. Auber, Halévy, Meyerbeer, Carafa, Ambroise Thomas, etc., etc. C'est en face de ces hommes, qui font l'honneur et la gloire musicale du pays, que MM. Paris et Chevé n'ont pu retenir l'injure sur leurs lèvres. Mais l'autorité de pareils noms est par elle-même au-dessus de toutes les attaques, et plus particulièrement encore de celles qui émanent du journal *la Réforme musicale.*

Lorsque le Conservatoire eut examiné, *avec une sérieuse attention*, le système de notation que vous prétendez substituer à celui que la tradition a consacré, ce système lui parut entaché de toutes sortes d'inconvénients, et il refusa de l'adopter. Cela n'eût pas dû vous étonner si fort; longtemps avant vous, Messieurs, longtemps avant l'illustre fondateur de votre école, ce système avait eu ses préconisateurs, ses adeptes et ses opposants. Vous ne devez donc pas trouver fort étrange que le Conservatoire ait montré si peu d'empressement à laisser enseigner à ses élèves une langue qui les mettrait dans l'impossibilité de comprendre, sans le secours d'une traduction, si ingénieuse qu'elle soit, les chefs-d'œuvre de la musique ancienne et moderne. Réfléchissez un peu, et vous verrez que le Conservatoire a eu raison (1). Vous dites que vous obtenez d'excellents résultats, je veux le croire; mais vous êtes des architectes qui voulez trop démolir, et il y aurait bien des ruines autour de votre nouvel édifice.

Dois-je vous rappeler, Messieurs, que J.-J. Rousseau après s'être fait l'apôtre de l'écriture en chiffres, mit plus tard à décrier ce système autant de chaleur qu'il en avait mis à le préconiser. En attendant que vous suiviez l'exemple de Jean-Jacques, vous luttez avec une persistance, avec un courage dignes d'un meilleur sort, je l'avoue; les nombreuses oppositions que vous rencontrez auraient dû déjà assurer le succès de vos doctrines; restez donc sur la brèche aussi longtemps que vos forces vous le permettront, et soyez bien convaincus qu'il n'appartient à aucune puissance humaine d'enchaîner des idées qui tendent au perfectionnement de l'instruction des masses, et au progrès.

Je vous ai déjà dit, Messieurs, que, pour ce qui est des principes fondamentaux de la musique, je ne me posais ni en novateur, ni en perturbateur. Dans le cours de mon travail, j'ai compulsé à peu près toutes les méthodes antérieures; celle de M. Chevé est peut-être la seule que j'aie à peine parcourue : après en avoir lu les premières pages, je me suis aperçu, heureusement pour moi, que la notation en chiffres m'engageait dans une impasse. Aussi cette accusation de plagiat que vous lancez contre moi avec si peu de ménagements, m'a-t-elle causé bien moins de chagrin que de surprise.

Vous me reprochez l'emploi des termes techniques de la musique, et comme ces termes sont ceux dont vous vous servez aussi, et ceux dont tout le monde s'est servi avant nous, il s'ensuit qu'à vos yeux je suis le plus audacieux des plagiaires. Auriez-vous aussi la prétention d'avoir inventé les termes techniques?

Les signes dont je me sers sont-ils aussi de votre invention? «On n'avait pas « besoin, dites-vous, d'attendre que M. Mercadier (page 8) ait donné un exemple « de la forme des trois clés; elles figurent *chez M. Chevé* à la page 115. » — Chez M. Chevé et partout ailleurs aussi.

Vous ajoutez ensuite : « La définition du mot *note*, et l'exemple explicatif, « étaient assez clairs à la page 113 de M. Chevé pour que M. Mercadier (page 9), ne « dût pas prétendre à une récompense nationale pour avoir dit la même chose. » — Assurément, Messieurs, je n'ai jamais prétendu à une récompense quelconque pour avoir consigné dans mon livre un fait aussi élémentaire. Mais, d'après vous, M. Chevé serait-il aussi le premier qui ait donné la définition du mot *note?* J'avoue combien mon ignorance est grande; et de tous les mérites connus et inconnus de M. Chevé, je n'aurais jamais deviné celui-là.

« M. Chevé a signalé (page 193), la distinction en deux catégories des sons « *graves* et des sons *aigus*. » — J'en *profite*, dites-vous, page 5. — Pourquoi donc M. Chevé n'a-t-il pas pris un brevet pour une si belle découverte?

Article 3 de votre acte d'accusation (je ne procède pas par ordre), vous dites : « M. Chevé fait connaître, avec les réserves d'un esprit droit, ce qu'on appelle *demi-ton* (page 207); M. Mercadier (page 6), ne dit pas que ce mot est vicieux, et qu'une moitié seule a le droit d'être appelée *demie*. » — En effet, je ne dis pas que cette dénomination de *demi-ton* est vicieuse; mais je dis : « Lorsque l'intervalle entre « deux sons devient assez petit pour que l'oreille n'y supporte plus, sans être bles-

<hr>

(1) Messieurs Paris et Chevé, depuis 1844 accablent d'injures le Conservatoire parce qu'il n'a pas adopté la théorie de M. Chevé. Mais ces Messieurs oublient toujours, avec une intention facile à comprendre, que la *sérieuse attention* du Conservatoire n'a jamais été appelée *que sur l'emploi du chiffre*, qu'il n'a pas eu à s'occuper d'autre chose, et que *c'est le chiffre que le Conservatoire a repoussé*.

sée, l'introduction d'un nouveau son, l'intervalle compris entre ces deux sons constitue ce qu'on appelle le *demi-ton;* cet intervalle est déterminé par un rapport *non absolu*, mais *uniquement musical.* » — J'avoue que je trouve ma définition suffisamment claire; mais si j'avais voulu me livrer à une dissertation sur la musique des Grecs, des Arabes ou des Chinois, j'aurais pu en dire davantage.

L'article 7 apprend au public que « le livre de M. Chevé (pages 289 et 296) offre d'une manière beaucoup plus large et plus complète, la signification relative des signes usuels de durée que ne le fait M. Mercadier aux pages 9, 10, 11, 12, 13, 14, 15 et 16. » Mais ceci est l'avis personnel de M. Paris, et le public partage-t-il ce sentiment? Dieu me garde, en tout cas, de contester ce point de supériorité du livre de M. Chevé sur le mien; je n'ai eu la prétention d'écrire ni un chef-d'œuvre, ni un gros livre.

L'article 8 constate que « M. Chevé, page 295, explique assez clairement la fonction du *point de prolongation*, pour qu'il n'y ait pas à s'extasier sur la lucidité avec laquelle M. Mercadier a dit la même chose, page 17. » — Croyez bien, Messieurs, que personne n'a eu la faiblesse de s'extasier sur la lucidité de ce chapitre de ma méthode; le *point de prolongation* est une invention dont nous ne devons ni vous ni moi revendiquer la paternité.

« L'énonciation relative aux silences pointés ne manque pas plus, à la page 296 du livre Chevé, qu'à la page 18 de M. Mercadier. » Cela est très-vrai; je vous remercie d'indiquer qu'une pareille lacune n'existe pas dans mon livre. Et ce long procès-verbal, signé par M. Aimé Paris contient *cent cinq* accusations de la valeur de celles-là.

La manière de battre la mesure, la division de chaque mesure en temps forts et temps faibles, les exemples de contre-temps, de *liaisons*, de *détaché*, de *piqué*, les signes de durées usuelles, les trilles, les petites notes, les *accidents*, dièzes, bémols, bécarres, l'origine de la gamme, la formation des gammes, l'ordre de génération des gammes, l'avant-dernier bémol de l'armure caractérisant la tonique, la définition des intervalles et leurs renversements, l'invention du diapason, le tableau des gammes majeures par quintes ascendantes et descendantes, tout cela je l'ai pillé dans le livre de M. Chevé, de M. Chevé qui, sans doute, l'a inventé! Dites cela bien haut, Messieurs, encore plus haut; je doute que vous trouviez beaucoup de gens crédules, et vraiment, c'est à se demander si vous parlez sérieusement ou si vous voulez rire. Que ne me reprochez-vous aussi de me servir des lettres de l'alphabet, parce qu'elles se trouvent partout dans le livre de M. Chevé.

Tenez, finissons par le commencement, et laissez-moi, en reproduisant l'exemple que vous avez choisi vous-mêmes, donner au public le moyen de bien apprécier la *synonymie* qui existe entre le texte de M. Chevé et celui de M. Mercadier :

« Quand on écoute avec attention une voix chantant un air, on s'aperçoit que le son produit n'est pas toujours le même; qu'il n'offre pas toujours le même degré de gravité ou d'acuité; en un mot, la voix paraît monter ou s'abaisser alternativement. Cette sensation d'élévation et d'abaissement de la voix est si bien éprouvée par chacun, que le langage a consacré le fait en disant que la voix *monte* ou qu'elle *descend*.

« Puisque les sons produits par la voix ou par un instrument peuvent être plus aigus ou plus graves qu'un autre son pris pour point de départ, il y a donc une distance quelconque d'un son à un autre son plus grave ou plus aigu. Cette distance est ce qu'en musique on nomme intervalle. »

(M. et Mme CHEVÉ, *Méthode élémentaire de Musique vocale*, novembre 1844, page 193.)

« Si après un premier son un second se fait entendre immédiatement, l'oreille affectée de deux sensations les compare; elle trouve que le deuxième son est plus élevé ou plus bas que le premier, et que la voix, en les répétant successivement fait un effort dans un sens ou dans un autre. De cette observation physique naissent les caractères *relatifs* du son.

Nous ne nous occuperons ici que du degré d'élévation que peut avoir un son par rapport à un autre. »

(P.-L. MERCADIER, *Essai d'instruction musicale*, 1855, chap. II, p. 4)

Vous voyez bien, Messieurs, que tout cela est puéril : c'est un *jeu d'enfant*, une querelle d'Allemand, une discussion d'où la bonne foi est absente; vous avez l'esprit troublé par une défaite dont vous essayez de me rendre responsable; vous remplissez les colonnes de votre journal de vos clameurs impuissantes , et , par moments, vous vous livrez à des contradictions qui vous condamnent : ainsi (et c'est la plus qu'une contradiction, c'est une supercherie dont personne ne sera dupe) le titre de votre article porte :

LA MÉTHODE GALIN-PARIS-CHEVÉ

Adoptée par le Conservatoire impérial de Paris
sous le nom de M. P.-L. Mercadier

Ce titre seul donne à penser que le Conservatoire a adopté une excellente chose, votre chose même, sous un autre nom d'auteur. Mais alors, si vous êtes conséquents, pourquoi dites-vous dans le cours de votre polémique que le Conservatoire n'a admis qu'une *mauvaise théorie* écrite par un *esprit étroit*, par un *audacieux plagiaire ?*

Quant à la différence d'étendue entre votre ouvrage et le mien, vous ne devez pas ignorer que le développement d'une œuvre ne donne pas toujours la mesure de son mérite. Ce jeu des gammes, que vous appelez ironiquement une *machine,* frappe l'imagination de l'élève; il l'aide à mieux comprendre une théorie demeurée jusqu'ici fort obscure pour lui, et les résultats que j'obtiens chaque jour en sont la preuve incontestable.

Vous m'accusez d'avoir placardé sur tous les murs de Paris des affiches colossales; mon éditeur est libre d'agir comme bon lui semble pour donner le plus de publicité possible à ce qui pour lui est une marchandise. Quant à moi, Messieurs, je ne fais pas de réclames, je ne joue pas de la grosse caisse dans les amphithéâtres, je ne suis ni orateur, ni apôtre, ni même écrivain, comme ma lettre vous le dira sans doute; je travaille sans être tourmenté de ce besoin immodéré d'occuper le public de ma personne et de mes écrits; j'ai été assez heureux pour apporter ma petite pierre à un édifice qui est loin d'être achevé; vous avez voulu apporter la vôtre aussi: elle a été trouvée trop lourde, elle aurait tout fait crouler, et on l'a refusée.

Ne vous en prenez donc qu'à vous-mêmes de votre insuccès, et s'il vous plaît de continuer une attaque que vos lecteurs doivent déjà trouver bien diffuse et bien longue, ne comptez pas sur moi pour vous donner la réplique. *Qui n'entend qu'une cloche n'entend qu'un son;* et si j'ai répondu au son un peu aigre de votre cloche, ce n'est ni pour me justifier ni pour exécuter ma partie à l'unisson dans votre carillon de sottises, mais uniquement par égard pour un vieux dicton populaire.

P.-L. MERCADIER.

P. S. Cette lettre est écrite lorsqu'on me remet le dernier numéro de votre journal dans lequel vous mêlez, à de nouvelles attaques contre mon livre, de grossières injures contre ma personne. Si, comme l'a dit une de nos illustrations parlementaires, le poids des injures est en raison directe de la hauteur d'où elles tombent, les vôtres ne sauraient ni me blesser, ni même m'atteindre, et je les méprise.

Vous abandonnez le domaine de la polémique, vous voulez du scandale; mais le piége est trop grossier : je n'y tomberai pas.

Vous me *menacez* de rechercher l'origine de mon ruban rouge. Je tiens à honneur de vous épargner cette peine; cette origine, la voici :

Ancien élève de Saint-Cyr, j'ai servi en qualité d'officier, de 1831 à 1838, dans le 26ᵉ de ligne, et c'est en 1848, dans les rangs de la garde nationale, sur les barricades de juin, où je combattais l'anarchie, que la croix d'honneur est venue me trouver.

Si cette origine vous paraît suspecte, Monsieur, libre à vous de le déclarer publiquement.

P.-L. MERCADIER.

Paris, 30 mai 1856.

PARIS. — IMPRIMERIE DE J. CLAYE, RUE SAINT-BENOIT, 7.

www.ingramcontent.com/pod-product-compliance
Lightning Source LLC
LaVergne TN
LVHW050739200726
843507LV00001B/41